古典文獻研究輯刊

三四編

潘美月・杜潔祥 主編

第 **43** 冊

肩水金關漢簡分類校注
（第六冊）

王錦城 著

國家圖書館出版品預行編目資料

肩水金關漢簡分類校注（第六冊）／王錦城 著 -- 初版 -- 新
北市：花木蘭文化事業有限公司，2022〔民111〕
目 2+196 面；19×26 公分
（古典文獻研究輯刊 三四編；第 43 冊）
ISBN 978-986-518-898-6（精裝）
1.CST：居延漢簡 2.CST：簡牘文字
011.08   110022688

ISBN-978-986-518-898-6

古典文獻研究輯刊
三四編 第四三冊   ISBN：978-986-518-898-6

肩水金關漢簡分類校注（第六冊）

作　　者　王錦城
主　　編　潘美月、杜潔祥
總 編 輯　杜潔祥
副總編輯　楊嘉樂
編輯主任　許郁翎
編　　輯　張雅淋、潘玟靜、劉子瑄　美術編輯　陳逸婷
出　　版　花木蘭文化事業有限公司
發 行 人　高小娟
聯絡地址　235 新北市中和區中安街七二號十三樓
　　　　　電話：02-2923-1455／傳真：02-2923-1452
網　　址　http://www.huamulan.tw 信箱 service@huamulans.com
印　　刷　普羅文化出版廣告事業
初　　版　2022 年 3 月
定　　價　三四編 51 冊（精裝）台幣 130,000 元

肩水金關漢簡分類校注
（第六冊）

王錦城　著

目

次

第六冊

肩水金關 T22

☑ 十二月己巳入
☑陰長年〔1〕里公乘吳林〔2〕，年廿五、長七尺二寸、黑色，將牛車一兩　出
左辦任占　左勝丿（竹簡）　　　　　　　　　　　　　　73EJT22：1

【集注】

〔1〕長年：里名。

〔2〕吳林：人名，

☑買棗十束　戌十　　　　　　　　　　　　　　　　　73EJT22：4

累下〔1〕二里隧長忘生〔2〕　　望遠〔3〕三里隧長☑
後起〔4〕三里隧長畢〔5〕　　　木辟〔6〕三里亭長安世〔7〕　　☑　73EJT22：5

【集注】

〔1〕累下：隧名。

〔2〕忘生：人名，為隧長。

〔3〕望遠：郭偉濤（2017D，218頁）：累下、後起轄於廣地塞，故望遠、木辟兩隧
　　　亦當同屬廣地塞，甚至可能同屬一部。
　　　　　　今按，其說當是。望遠為隧名。

〔4〕後起：隧名。

〔5〕畢：人名，為隧長。

〔6〕木辟：亭名。

〔7〕安世：人名，為亭長。

出麥一石九斗三升少　以食要虜〔1〕隧卒王德□☑　　　73EJT22：7+10

【校釋】

　　　伊強（2016E，116頁）綴。

【集注】

〔1〕要虜：隧名。

☑　八月庚午，亭長欣☑　　　　　　　　　　　　　　73EJT22：14

☑　黃色　劍一、大刀一（削衣）　　　　　　　　　　73EJT22：15

戍卒鉅鹿南䜌杞里〔1〕馮☑　　　　　　　　　　　　　73EJT22：16

【集注】

〔1〕杞里：里名，屬南䜌縣。

淮陽郡栗侯國〔1〕☑　　　　　　　　　　　　　　　　73EJT22：18

【集注】

〔1〕栗侯國：馬孟龍（2014，91 頁）：此簡記載之栗侯國，即《漢志》沛郡栗侯國。
　　　與前述肩水金關 73EJT21：468、73EJT22：80 木簡一樣，73EJT22：18 木簡載
　　　錄「淮陽郡栗侯國」反映的是漢宣帝元康三年（前 63）以前的行政建制。該
　　　簡記載表明，元康三年（前 63）以前栗侯國隸屬淮陽郡管轄。
　　　　　今按，其說是。《漢書・地理志》沛郡有栗侯國，據此簡則其曾屬淮陽郡。

☑　甲□百……　☑　　　　　　　　　　　　　　　　　73EJT22：19

肩水候官建昭三年十月候長殿㝡〔1〕名　☑　　　　　　73EJT22：22

【校釋】

　　「㝡」原作「取」，字作 形，當釋「㝡」，「㝡」即「最」。

【集注】

〔1〕殿㝡：官吏考課等級的先後。《漢書・宣帝紀》：「丞相御史課殿最以聞。」顏
　　　師古注：「凡言殿最者：殿，後也，課居後也；最，凡要之首也，課居先也。」

……年三月□□名籍　☑　　　　　　　　　　　　　　73EJT22：23

戍卒鉅鹿郡曲周東渠〔1〕里楊庇〔2〕，年廿九　長七尺四寸、黑色　三石具弩
一、橐矢五十　∫　　　　　　　　　　　　　　　　　73EJT22：24

【集注】

〔1〕東渠：里名，屬曲周縣。

〔2〕楊庇：人名，為戍卒。

亭長□□　九月甲辰丁夜盡時，臽火不和，適〔1〕二百錢　　　　73EJT22：27

【校釋】

　　「錢」字丁義娟（2018A）、（2019，10 頁）改釋作「里」。今按，該字圖版作 形，顯非「里」字，整理者所釋不誤。又「臽」字作 形，從字形來看，釋「臽」恐不確，暫存疑。

【集注】

〔1〕適：李均明（1990，196 頁）：適，責罰……居延漢簡所見，展示了有關適文書的具體格式、適的原因與內容……關於適的原因，有滯留烽火信號；送戍卒復原不按時返回，私自在外逗留一天；不及時派遣官吏率隊伐大司農所需草料；往上呈送的季度報告有十處差錯；馬匹因管理不善而致死；私自離開崗位回家住宿等。所見均為行政過失……關於適的內容，簡文所見均為過失人為有關機構運送物品日草料等。一般註明所運物品的名稱、數量、起訖地點，有的還註明完成期限。可見，漢簡所見適是一種對官吏所犯行政過失的處罰，所犯過失通常未達到犯罪程度，但它也影響官吏政績的好壞。

　　今按，說是。「適」通「讁」，責罰。《漢書・食貨志下》：「故吏皆適令伐棘上池。」顏師古注：「適讀曰讁。讁，責罰也。」

☑弓一、矢卅　　　　　　　　　　　　　　　　　　73EJT22：30
金關庫本始元年四月乙酉以來積作簿　　　　　　　73EJT22：31

不圍從者居延安故〔1〕里周充國〔2〕　　劍一　　☑　　73EJT22：32

【集注】

〔1〕安故：里名，屬居延縣。
〔2〕周充國：人名，為從者。

　　　　　　三石弩一，完
南界亭長安國〔1〕
　　　　　　　　橐矢五十，完　　　　　　　　　　73EJT22：33

【集注】

〔1〕安國：人名，為亭長。

☑□二百五十束，會月十五日☑ 　　　　　　　　　　73EJT22：35

☑□高武，年廿四、長七尺三☑ 　　　　　　　　　　73EJT22：36A

☑□擅持出擅□☑ 　　　　　　　　　　　　　　　　73EJT22：36B

	□□	日□三		沙□☑
	連椎四	□□三	櫨□十	破釜☑
・守御器具簿	木科二	□□三	牛頭石廿	□□☑
	七尺板二		羊頭石〔1〕三百	□□☑
	□□□弦二			□□☑ 73EJT22：37

【集注】

〔1〕羊頭石：勞榦（1960，51頁）：又破胡隧《兵物簿》有：「陷堅羊頭銅鍭箭卅八枚。」按羊頭者，三廉矢之稱。《廣雅》「羊頭……鏑也。」其言或本於《方言》之：「凡箭鏃相合嬴者，四鐮或曰拘腸，三鐮者謂之羊頭，其廣長而薄鐮者，謂之錍，或謂之鈀。」故破胡隧兵物簿之羊頭箭為其本訓；其稱為羊頭石者，蓋三廉有刃之石，象三廉矢鏃，故亦謂之羊頭矣。

初師賓（1984A，78頁）：即大小如羊頭形狀者，此見例（50）即明。勞榦據《廣雅》《方言》載三稜箭鏃俗稱「羊頭」，推斷羊頭石為三稜有刃之石。按，廣雅此說源於漢代俗稱。漢簡稱鏃中之重而銳利者（三角錐狀）為「陷堅羊頭銅鍭」「陷堅銅鍭」，謂可射穿堅固的羊頭，後始將鏃名訛傳為「羊頭」。從現存實物、有關記載看，羊頭石的關鍵，是石塊的大小、數量，並不像箭鏃有三刃。如1973年在破城子障門內東側發掘出土的一堆疊積整齊的羊頭石，絕大多數是天然的紅沙巖板片狀石塊，形狀極不規則，無加工痕迹。

薛英群（1991，402頁）：三稜形的石頭，擲之以傷敵。《淮南子・修務》：「苗山之鋌，羊頭之銷。」《方言》曰：「三鐮者謂之羊頭。」

李天虹（2003，115頁）：羊頭石，石大如羊頭者。1973年在甲渠候官鄣門內東側發掘出土了一堆排列整齊的石塊，形狀不規則，無加工痕迹，當即簡文之「羊頭石」。

李均明（2007，79頁）：羊頭石，石大如羊頭者，用於從城上往下投砸攻城之敵。每隧常備羊頭石五百枚。

冨谷至（2018，278～279 頁）：說到「羊頭」「牛頭」是否是指石頭的形狀，很難明確「羊頭」和「牛頭」形狀的不同，倒不如說其為「大如羊頭、牛頭」這種大小的比喻更合理。

今按，羊頭石即如羊頭一般大小的石塊，其和陷堅羊頭銅鏃，即三棱箭鏃沒有關係。勞榦和薛英群說恐不妥。

☑□九月食　☑ 　　　　　　　　　　　　　73EJT22：40

☑北亭公乘□□☑ 　　　　　　　　　　　　73EJT22：41

☑□車二百五十束，會月五日☑ 　　　　　　73EJT22：42

【校釋】

「束」字原作「五」，該字圖版作 形，明顯為「束」，據改。

驪喜〔1〕隧卒　☑ 　　　　　　　　　　　73EJT22：46

【集注】

〔1〕驪喜：隧名。

金里壽☑ 　　　　　　　　　　　　　　　73EJT22：47

☑□赤色、長七尺三寸 　　　　　　　　　73EJT22：48

☑矔子平〔1〕

☑等二人 　　　　　　　　　　　　　　　73EJT22：49

【集注】

〔1〕矔子平：人名。

☑受閏月庚戌餘穀……☑ 　　　　　　　　73EJT22：50

☑□三斗

☑五十賀胡長卿（削衣） 　　　　　　　　73EJT22：52

☑輨車二乘、馬三匹 　　　　　　　　　　73EJT22：54

☑鄭橋里等廿六人擇☑ 　　　　　　　　　73EJT22：55

令史河內郡野王東樂〔1〕里大夫李未央〔2〕，年冊七☑ 　73EJT22：56

【集注】

〔1〕東樂：里名，屬野王縣。

〔2〕李未央：人名，為令史。

☑六十七・乙△亅 　　　　　　　　　　　　　73EJT22：57

壬戌迹盡界，毋越塞出入迹　☑ 　　　　　　73EJT22：58

【校釋】

「壬戌」原作「王成」，該兩字圖版分別作 ⬛ 、⬛ 形，當為「壬戌」。

☑劍一 　　　　　　　　　　　　　　　　　73EJT22：59

長安東章陽〔1〕里李定〔2〕　持牛車一兩　弩一、矢廿 　　73EJT22：60

【集注】

〔1〕東章陽：當為里名，屬長安縣。

〔2〕李定：人名。

……即里□相□一　☑ 　　　　　　　　　　73EJT22：61

茂陵當利〔1〕里任安世〔2〕 　　　　　　　73EJT22：62

【集注】

〔1〕當利：里名，屬茂陵縣。

〔2〕任安世：人名。

谷長卿 　　　　　　　　　　　　　　　　　73EJT22：63

☑五月乙亥，出肩水北塞　☑ 　　　　　　　73EJT22：66

出鹽三斗　以食□中隧長淳于〔1〕五月食　☑ 　　73EJT22：68

【校釋】

未釋字姚磊（2017C2），郭偉濤（2018A，52頁）、（2019，42頁）補釋「曲」。今按，補釋可從，該字圖版作 ⬛ 形，漫漶不清，不能確知，暫從整理者釋。又「五」字姚磊（2017C2）認為當待考。今按，說可從。「五」字圖版磨滅，不能辨識。

【集注】

〔1〕淳于：人名，為隧長。

☑長宣充國〔1〕六月奉　充國自取　　　　　　　73EJT22：74

【集注】

〔1〕宣充國：當為人名。

☑　第七車　☑　　　　　　　　　　　　　　　73EJT22：76

☑穀二斗　以稟驛北亭卒李甲十二月食　　　　　73EJT22：77

【校釋】

「稟」原作「廩」，黃艷萍（2016B，123 頁）釋。

吳奉子小女思夫　　☑　　　　　　　　　　　73EJT22：78

戍卒淮陽郡贊匠里〔1〕滿願〔2〕，年廿六　□☑　　73EJT22：80

【校釋】

「贊」字林獻忠（2014）、（2016，133 頁）釋作「費」。今按，該字圖版作 ![費] 形，釋「費」非，整理者釋讀不誤。

【集注】

〔1〕匠里：里名，屬贊縣。

〔2〕滿願：人名，為戍卒。

六月己亥出　已　☑　　　　　　　　　　　　73EJT22：83

·凡出四千九百　☑　　　　　　　　　　　　73EJT22：85

乙卯旦迹，毋越塞☑　　　　　　　　　　　　73EJT22：88

出麥石八斗　☑　　　　　　　　　　　　　　73EJT22：89

☑衣皂袍皂绔，馬一匹……☑　　　　　　　　73EJT22：90

　　　　　　　其一人候　☑

甲子吏五、卒二人

　　　　　　　一人墆　☑　　　　　　　　　73EJT22：91

☑□嗇夫親以食□丞卒史侯卿等☑　　　　　　　73EJT22：92

田卒淮陽上雍〔1〕里許鈞〔2〕，年卅七　　☑　　73EJT22：93

【集注】

〔1〕上雍：似為里名。

〔2〕許鈞：人名，為田卒。

受九月丙辰餘穀廿三石三斗九升少□☑　　　　　73EJT22：95

居延卒□□□☑　　　　　　　　　　　　　　　73EJT22：96

☑□□斗以上，始元六年十一月癸丑，大司☑　　73EJT22：97

田卒淮陽郡扶溝〔1〕樂成〔2〕里☑（削衣）　　73EJT22：98

【集注】

〔1〕扶溝：淮陽郡屬縣。

〔2〕樂成：里名，屬扶溝縣。

☑月穀出入簿☑　　　　　　　　　　　　　　　73EJT22：100

☑分發　　　　　　　　　　　　　　　　　　　73EJT22：101

驛小史三人　　☑　　　　　　　　　　　　　　73EJT22：102

今餘穀七百九石三斗二升☑　　　　　　　　　　73EJT22：103

戍卒東郡東阿延年〔1〕里關□☑　　　　　　　73EJT22：104

【校釋】

「延」原作「樂」，姚磊（2017J3）、（2018E，197 頁）釋。

【集注】

〔1〕延年：里名，屬東阿縣。

□□□　　☑　　　　　　　　　　　　　　　　73EJT22：105

☑□卅七買　　☑　　　　　　　　　　　　　　73EJT22：107

☑以食萬福☑　　　　　　　　　　　　　　　　73EJT22：108

□茂陵息眾〔1〕里五大夫□□……☑　　　　　73EJT22：109

【集注】

〔1〕息眾：里名，屬茂陵縣。

日勒守尉道人〔1〕將〔2〕居延罷卒三百一十二人☑
屋蘭右尉千秋〔3〕將居延罷卒三百一十人　☑
觻得守丞忠〔4〕將居延罷卒三百一十二人，八月丁酉☑
昭武左尉廣〔5〕將居延罷卒二百八十七人，八月☑
刪丹右尉長安〔6〕將居延罷卒三百一十一人☑
刪丹守尉賢〔7〕將居延罷卒三百六十九人，八月庚☑
昭武守丞安上〔8〕將居延罷卒三百一十人，八月庚□☑　　　　73EJT22：111A
――――――――――――――――五　☑
――――――――――――――――十　☑　　　　73EJT22：111B

【集注】

〔1〕道人：人名，為日勒守尉。

〔2〕將：凌文超（2017，91頁）：「將」，當即送行，如《詩‧邶風‧燕燕》「之子于
　　　歸，遠于將之」，鄭玄箋：「將亦送也。」
　　　　　　今按，說恐非是。此處「將」當是率領的意思。

〔3〕千秋：人名，為屋蘭右尉。

〔4〕忠：人名，為觻得守丞。

〔5〕廣：人名，為昭武左尉。

〔6〕長安：人名，為刪丹右尉。

〔7〕賢：人名，為刪丹守尉。

〔8〕安上：人名，為昭武守丞。

三石具弩十四　六石具弩八‧弩幅廿五、服廿二‧蘭冠廿二‧靳干幡卅二　☑
三石承弩三　革甲鞮瞀卅二　☑
承弦六十四　☑
梟長弦卅二　☑
稾矢千六百　☑
蚤矢四千八百　☑　　　　73EJT22：112
☑輻車一乘　　　　73EJT22：118

☑□南隧卒通里〔1〕華漢〔2〕　　☑　　　　　　　　73EJT22：119

【集注】

〔1〕通里：里名。

〔2〕華漢：人名，為戍卒。

居延廣都〔1〕里不更丁福〔2〕，年卅四□☑　　　　　　73EJT22：120

【集注】

〔1〕廣都：里名，屬居延縣。

〔2〕丁福：人名。

☑五石九斗九☑　　　　　　　　　　　　　　　　　73EJT22：123

☑　弓一、矢卅，劍一　　　　　　　　　　　　　　73EJT22：124

☑□陽被里公乘大夫莊廣〔1〕，年卅四　　☑　　　　73EJT22：127

【集注】

〔1〕莊廣：人名。

☑……蓬隧□卒郡長☑　　　　　　　　　　　　　　73EJT22：128

騎士馳宜〔1〕里李賣奴〔2〕　　　☑　　　　　　　　73EJT22：129

【集注】

〔1〕馳宜：里名。

〔2〕李賣奴：人名，為騎士。

☑三斛虞季受　以食卻適〔1〕隧長孟㝡〔2〕二月☑　73EJT22：131A

☑窒長卿　三月食　　　☑　　　　　　　　　　　　73EJT22：131B

【集注】

〔1〕卻適：李均明（1990，196 頁）：其中的「適」字，通「敵」作敵人解。「卻敵」
烽燧名。

何茂活（2017C，133 頁）：卻適，即退敵，「卻」為使動用法。

今按，諸說是。卻適為隧名。

〔2〕孟㝡：人名，為卻適隧長。

```
　　　　□私劍十　靳干
緹紺胡二
　　　　　　　靳幡十五　　　　　　　　　　　　　　73EJT22：134
```

□並山隧戍卒趙國襄國公社〔1〕里公乘韓未央〔2〕，年卅□　　73EJT22：135

【校釋】

　　「卅」字姚磊（2017J4）、（2018E，202頁）認為也可能為「冊」，當存疑不釋，又「卅」後姚磊（2017J4）、（2018E，202頁）補釋「八」字。今按，姚說可從，但字迹模糊，不可辨識，此暫從整理者釋。

【集注】

〔1〕公社：里名，屬襄國。

〔2〕韓未央：人名，為戍卒。

```
☑　　行　　☑　　　　　　　　　　　　　　　　　73EJT22：136
☑射九十（削衣）　　　　　　　　　　　　　　　　73EJT22：141
☑二月五日奉用錢七百八十　　（削衣）　　　　　73EJT22：145
```

・冣凡田卒七十人　右車七☑　　　　　　　　　　73EJT22：147

【校釋】

　　「冣」原作「取」，該字作　　形，當釋「冣」，冣即最。

・凡出麥十七石五斗六□□□□□　　　　　　　　73EJT22：148

```
　　　　　　　　　　轡〔1〕三　　□□☑
出居延尉□所乘傳車一乘
　　　　　　　　參靳一　　葰〔2〕一☑　　　　　73EJT22：149
```

【校釋】

　　第三行「參」原作「緣」，何茂活（2014A，73頁）釋。

【集注】

〔1〕轡：即轡，為繮繩。《說苑・脩文》：「轡者，所以御馬也。」

〔2〕葰：何茂活（2014B，235頁）：葰，即「篋」……篋為收藏物品的小箱子，本

簡中與「繛」（同「轡」）、「緣靳」（「緣」實為「參」之誤釋，「參」通「驂」）並舉，可見其為車具之一，用於盛放工具雜物等。

今按，說是。蒬即篋。

　　☑成，年廿八歲、長七尺二☑　　　　　　　　　　73EJT22：151

【校釋】

「成」原未釋，何茂活（2015C，179頁）補釋。

　　☑□奉償　　　　　　　　　　　　　　　　　　73EJT22：152

　　醬雍〔1〕一枚　直冊☑　　　　　　　　　　　　73EJT22：153

【集注】

〔1〕醬雍：「雍」或通「甕」，醬甕為裝醬的甕。

```
　　　　　但凡錢六百　　☑
☑五百
　　　　　□□錢□百　☑
```
　　　　　　　　　　　　　　　　　　　　　　　　73EJT22：154

　　☑　上　☑　　　　　　　　　　　　　　　　　73EJT22：155

　　☑□六　丿　　　　　　　　　　　　　　　　　73EJT22：156

肩水金關 T23

　　始建國五年六月戊午〔1〕，卒☑　　　　　　　　73EJT23：2

【集注】

〔1〕始建國五年六月戊午：始建國，王莽年號。據徐錫祺（1997，1707頁），始建國五年六月戊申朔，十一日戊午，為公曆公元13年6月8日。

```
☑□□付孔　　　出五百□□☑
☑□伯　　　　　出卅二 ∟三月☑
☑□□一匹二丈　出百償男唐☑
```
　　　　　　　　　　　　　　　　　　　　　　　　73EJT23：6

【校釋】

「∟」原作「丨」，此統一作「∟」。

☑直六十五　　☑

☑直百五十　　☑

☑直卅五　　☑

☑……直□十五　　☑　　　　　　　　　　　　　73EJT23：9

☑□□子南里魯陽〔1〕，年廿五年齒卅，輚車一乘、用馬一匹匹匹馬匹

　　　　　　　　　　　　　　　　　　　　　　73EJT23：12A

☑□□□□□知之不言也，而□也　　　　　73EJT23：12B

【集注】

〔1〕魯陽：人名。

　　　　　　　　　　　　大車一兩　　☑

氏池安利〔1〕里大夫王禹〔2〕，年卅五

　　　　　　　　　　　　用牛二頭　　☑　　　　73EJT23：13

【集注】

〔1〕安利：里名，屬氏池縣。

〔2〕王禹：人名。

河東平陽〔1〕弟里〔2〕公乘☑　　　　　　　73EJT23：16

【集注】

〔1〕平陽：河東郡屬縣。《漢書・地理志上》：「平陽，韓武子玄孫貞子居此。有鐵
　　　官。莽曰香平。」顏師古注引應劭曰：「堯都也，在平河之陽。」

〔2〕弟里：里名，屬平陽縣。

居延都尉守屬郭良〔1〕｜　　☑　　　　　　73EJT23：17A

伏地再☑　　　　　　　　　　　　　　　　73EJT23：17B

【集注】

〔1〕郭良：人名，為居延都尉守屬。

☑……☑

☑縣酒泉大守治所二百八十☑　　　　　　　73EJT23：18

戍卒昭武擅利〔1〕里上造趙吏〔2〕，年廿五　　☑　　　　　73EJT23：20

【集注】

〔1〕擅利：里名，屬昭武縣。

〔2〕趙吏：人名，為戍卒。

☑□受莫當〔1〕卒□☑　　　　　　　　　　　　　　73EJT23：23

【集注】

〔1〕莫當：隧名。

☑積三千四百五十尺　　　　　　　　　　　　　　　73EJT23：26

☑不更魏祿〔1〕，年廿四、長七尺三☑　　　　　　　73EJT23：28

【集注】

〔1〕魏祿：人名。

定作……十一人得墼☑　　　　　　　　　　　　　　73EJT23：31

士伍居延市☑　　　　　　　　　　　　　　　　　　73EJT23：32

☑　去□□一里百五☑　　　　　　　　　　　　　　73EJT23：33A

☑　□食□□☑　　　　　　　　　　　　　　　　　73EJT23：33B

田卒上黨郡泫氏□☑　　　　　　　　　　　　　　　73EJT23：34

出麥二石四斗☑　　　　　　　　　　　　　　　　　73EJT23：38

☑□弩一、矢五十（削衣）　　　　　　　　　　　　73EJT23：39

☑申，北嗇夫出　　　　　　　　　　　　　　　73EJT23：41+42

【校釋】

姚磊（2016H1）綴。

葦席部三枚☑　　　　　　　　　　　　　　　　　　73EJT23：49

出麥十石五年☑

……☑　　　　　　　　　　　　　　　　　　　　　73EJT23：50A

……☑

令城官騎士守☑　　　　　　　　　　　　　　　　　73EJT23：50B

南陽〔1〕陰鄉嗇夫曲陽〔2〕里大夫馮均〔3〕，年廿四，大奴田兵二，軺車一乘、
騂駹牝馬一匹 ⅃　　　　　　　　　　　　　　　　　　73EJT23：53

【集注】

〔1〕南陽：黃浩波（2013C）：宛，莽曰南陽。

　　　　胡永鵬（2016A，637頁）：屬於「郡名＋里名」的情況，均為西漢簡。

　　　　今按，作縣名的南陽，為新莽時期對宛縣的稱謂。但該簡「南陽」似當如
　　　　胡永鵬所言為郡名。

〔2〕曲陽：里名。

〔3〕馮均：人名，為陰鄉嗇夫。

第三〔1〕，負十五、負十三、負十一、負九、負七、負五、負三、負一、得二、
得四、得六、得八　　　　　　　　　　　　　　　　　　73EJT23：54

【集注】

〔1〕第三：程少軒（2017）：這枚木簡，就來自一份折算考評等第的表格。簡首的
　　　　「第三」指考核等第為第三等，後面十二欄的數字，表示每月考評中第三等對
　　　　應的「算」數。例如，假若是一月考評，負十五算就是第三等，以此類推。

　　　　今按，其說當是。

牛車一乘

觻得安世〔1〕里翟蓋〔2〕，年廿七　　　　　　　六月辛卯入

　　　　用牛二頭　　　　　　　　　　　　　　　73EJT23：55

【集注】

〔1〕安世：里名，屬觻得縣。

〔2〕翟蓋：人名。

溫共利〔1〕里濂戎〔2〕，年卅　字子嚴，六月甲午入，乘方相車，駕驪〔3〕牝
馬，齒十六歲。　　　　　　　　　　　　　　　　　73EJT23：56

【校釋】

　　「駕」原作「一兩馬」，胡永鵬（2013）、（2014A，238頁）釋。「牝」原未釋，司
曉蓮、曲元凱（2016）釋「牝」，葛丹丹（2019，1604頁）認為是「牝」，此從葛丹丹
釋。「馬」原未釋，胡永鵬（2013）、（2014A，238頁），司曉蓮、曲元凱（2016）釋。

【集注】

〔1〕共利：里名，屬溫縣。

〔2〕濂戎：人名。

〔3〕騧：何茂活（2014B，267頁）：騧，同「騧」……《說文・馬部》：「騧，黃馬黑喙。从馬，咼聲。」《爾雅・釋獸》：「白馬黑脣，駹；黑喙，騧。」郭璞注：「今之淺黃色者為騧馬。」

今按，其說是。

☑訖六月廿三日穫大麥   73EJT23：57

熒陽始成〔1〕里程武〔2〕，年卌三　字恩，方箱車，騅牝馬、齒十五歲，五月壬子出   73EJT23：58

【集注】

〔1〕始成：里名，屬熒陽縣。

〔2〕程武：人名。

觻得萬歲〔1〕里闒長〔2〕，年十八、字子僅　騎騧牡馬一☑　　73EJT23：59

【集注】

〔1〕萬歲：里名，屬觻得縣。

〔2〕闒長：人名。

・右□七人……亅　用穀廿八石六斗   73EJT23：63

河東〔1〕隧長□　平樂〔2〕隧□　小枓〔3〕二毌小枓二毌　札少卅　小苣〔4〕少卅
　　　　　　　　　　　　　　狗〔5〕少一　　　　　　馬少一石　□少卅束
                                                        73EJT23：68A

晏叩叩頭頃言　因奈何奈何叩頭叩頭言之
……   73EJT23：68B

【集注】

〔1〕河東：隧名。

〔2〕平樂：隧名。

〔3〕小枓：「枓」為舀水的勺子。《說文・木部》：「枓，勺也。」《禮記・喪大記》：

「浴水用盆，沃水用枓。」孔穎達《疏》：「用枓酌盆水沃尸。」則小枓為小勺
子，用以舀水。

〔4〕小苣：羅振玉、王國維（1993，139 頁）：苣者，「炬」之本字。《說文》：「苣，
束葦燒也。」

初師賓（1984A，169～170 頁）：苣火為夜間升舉的烽火信號，《說文》：
「苣，束葦燒也」。考古發現之苣，係乾蘆葦用繩札成圓束把子，長度不一。
而漢簡之苣，亦有大、小、四尺、程苣之分。夜間候視火光，如果不是相去較
近，很難分清大小。所以，苣的不同規格，可能代表不同的燃放時間，或者與
舉法有關。不同的含義，需用數量、位置、舉法上的差別來表示。苣火的性質
約如白晝之烽。從漢簡烽火品約中可以看出，烽和苣火往往用來代表塞防的不
同部位。同一地點的相同敵情，晝、夜的烽數與火數往往相同。苣火每次也是
最多舉三枚。同樣，其升舉的位置或大致同烽，也有堠上、塢上的區別……近
年於居延甲渠第四燧遺址發現之苣，長約漢尺四尺，苣上橫貫數枚木楔，約屬
於四尺苣、小苣之類，可能先用楔固定某裝置之上，然後升懸於烽竿頂。

初師賓（1984B，374 頁）：小苣等，則先用木橛釘在某物上，保持燃火的
角度，然後升舉竿頂。莫當、大灣簿將小苣、桯苣分為兩項，知二者在應用上
有區別。又二簿所列苣數比例皆為 100：3，小苣似經常使用，消耗多；大苣、
桯苣或不常使用。

今按，諸說多是。苣即用蘆葦等紮成的火炬。《墨子・備城門》：「人擅苣
長五節。寇在城下，聞鼓音，爇苣。」小苣則為小的火把。

〔5〕狗：羅振玉、王國維（1993，163 頁）：《墨子・備穴篇》：「壘穴之中各一狗，
狗吠則有人也。」用狗守城，古人已有之。

今按，說是。狗亦為守禦器具。

六月丁未，嗇夫禁〔1〕付曹憙〔2〕　　卩　　　　　　　　　　73EJT23：72

【集注】

〔1〕禁：人名，為嗇夫。

〔2〕曹憙：人名。

☐子，年廿，十二月戊寅入　　　　　　　　　　　　　　　73EJT23：74
☐……☐

☑……☑

☑……☑   73EJT23：75

☑□□八，其六付罷卒，其二見   73EJT23：77A

☑……   73EJT23：77B

大車一兩

☑里李就〔1〕，年卅八

        用牛二   73EJT23：78

【集注】

〔1〕李就：人名。

當利〔1〕隧長□□   ☑   73EJT23：82

【集注】

〔1〕當利：隧名。

☑□孫高〔1〕，年廿四   庸同邑□☑   73EJT23：83

【集注】

〔1〕孫高：人名。

驒北亭長□□□□□☑   73EJT23：84

☑六月丁卯除☑   73EJT23：85

☑受奉名籍   ☑   73EJT23：86

        子小☑

☑□至

        子小男□☑   73EJT23：87

☑日出□錢三千六百□☑   73EJT23：88

【校釋】

    「日」字原未釋，何茂活（2018A，117頁）釋，該字作□□形，釋「日」可從。又「錢」前一未釋字何茂活（2018A，117頁）補釋作「賦」。今按，補釋或可從，但該字模糊不清，不能辨識，當從整理者釋。

☑☑☑疇里史駿〔1〕　☑　　　　　　　　　　　　73EJT23：89

【集注】

〔1〕史駿：人名。

成漢〔1〕里公乘儀並〔2〕，年五十一、黑色、字子真、六月辛卯入　車一兩、
牛二，皆黑犗、齒八歲　　　　　　　　73EJT23：91+418+821+429

【校釋】

　　簡 73EJT23：418+821 雷海龍（2016A）綴，姚磊（2016H1）又綴簡 73EJT23：
91 和 73EJT23：429。

【集注】

〔1〕成漢：里名。

〔2〕儀並：人名。

☑□安里大夫楊戊……車一乘、馬一匹□☑　　　　73EJT23：92

肩水候官永始四年七月破船簿　☑　　　　　　　73EJT23：94

☑……取☑　　　　　　　　　　　　　　　　　73EJT23：95

十八日卒十七人　除作長一人，養二人、病二人、積〔1〕三人。凡解除〔2〕八
人□☑　　　　　　　　　　　　　　　　73EJT23：96+132

【校釋】

　　楊小亮（2014A，305）綴。「長一人」原簡 73EJT23：96 作「長□」，「養」原
簡 73EJT23：132 未釋，均綴合後釋。其中「養」字何茂活（2015C，179 頁）亦補
釋。

【集注】

〔1〕積：永田英正（2007，87 頁）：積葵是堆積馬草的工作。

　　　　何茂活（2015C，179 頁）：「積」指割取和堆積飼草。

　　　　今按，諸說是。積為堆積。

〔2〕解除：何茂活（2015C，179 頁）：「解除」統指不能參加正常戍作。

　　　　今按，說是。解除為不參加勞作之人。

☑　四月戊申自取　　　　　　　　　　　　　　　　73EJT23：98

☑戍宿東☐☑　　　　　　　　　　　　　　　　　　73EJT23：99

☑六月辛卯入　　　　　　　　　　　　　　　　　　73EJT23：100

☑西北出　　　　　　　　　　　　　　　　　　　　73EJT23：105

☑　乘駮牝馬，齒四歲，以為☑　　　　　　　　　　73EJT23：106

☑年十月☐☑　　　　　　　　　　　　　　　　　　73EJT23：107

熒陽宜都〔1〕里郭赦〔2〕，年卌、字君功　乘方箱，駕騮☑　73EJT23：108

【集注】

〔1〕宜都：里名，屬熒陽縣。

〔2〕郭赦：人名。

出粟二石　　卩　稟☐☑　　　　　　　　　　　　73EJT23：688+109

【校釋】

　　姚磊（2016H3）綴。簡末未釋字何茂活（2015C，179 頁）補釋「窮」。今按，補釋或可從，但該字殘斷，不能辨識，當從整理者釋。「稟」原作「廩」，黃艷萍（2016B，123 頁）、（2018，135 頁）釋。

☑☐富里公乘卜賢〔1〕，年廿　　☑　　　　　　　　73EJT23：111

【集注】

〔1〕卜賢：人名。

☑名籍　　☑　　　　　　　　　　　　　　　　　　73EJT23：112

☑稟第六隧卒范☐☑　　　　　　　　　　　　　　　73EJT23：113

【校釋】

　　「稟」原作「廩」，黃艷萍（2016B，123 頁）、（2018，135 頁）釋。

給要虜〔1〕隧長趙赦〔2〕正月奉　　☑　　　　　　73EJT23：114

【集注】

〔1〕要虜：隧名。

〔2〕趙赦：人名，為隧長。

八月甲辰日蚤食☑　　　　　　　　　　　　　　73EJT23：115

出鹽斗二升　稾窮寇〔1〕卒孫☑　　　　　　　　73EJT23：119+116

【校釋】

　　　姚磊（2017L，190頁）綴。「稾」原作「廩」，黃艷萍（2016B，123頁）、（2018，135頁）釋。

【集注】

　〔1〕窮寇：何茂活（2017C，139頁）：「窮寇燧」之「窮」意為使困厄無援、陷於絕境。

　　　　　今按，其說是。窮寇為隧名。

☑□　　四月☑　　　　　　　　　　　　　　　　73EJT23：120
☑錢八百

　　　　　　　故襄澤☑
☑錢卅　　　　　　　　　　　　　　　　　　　　73EJT23：122
☑□　今調守關佐代霍　　　　　　　　　　　　　73EJT23：124

稾窮寇〔1〕隧卒□☑　　　　　　　　　　　　　73EJT23：125

【校釋】

　　　「稾」原作「廩」，黃艷萍（2016B，123頁）、（2018，135頁）釋。

【集注】

　〔1〕窮寇：隧名。

☑□定□□嚴四百八十☑　　　　　　　　　　　　73EJT23：130

☑　卒趙賢〔1〕付☑　　　　　　　　　　　　　73EJT23：137A
☑　□沙頭□卒□☑　　　　　　　　　　　　　　73EJT23：137B

【集注】

　〔1〕趙賢：人名，為戍卒。

出穬麥〔1〕七石三斗三升少　　☑　　　　　　　73EJT23：138

【集注】

〔1〕穬麥：羅振玉、王國維（1993，160 頁）：穬麥者，慧琳《一切經音義》引《倉頡篇》：「穬，穀之有芒者。」《說文》：「穬，芒粟也。」《齊民要術》：「春種者，穬麥也。」則字本作「穬」，簡中或云「穬麥」，或云「秔麥」，「穬」「秔」同音，相假借也。此上月奉有僅得數斗者，與漢制及他簡皆不合，殆一月之奉，不以一時稟給歟？

何雙全（1986，253 頁）：大麥之一種，《玉篇》云：「穬，大麥也。」崔寔《四民月令》曰：「唯穬早晚無常。」《藝文類聚》引魏·黃觀奏云：「小麥略盡，惟穬麥、大麥，頗得半收。」又《本草·植物名實圖考》云：「穬麥，今山西多種之，熟時不用打碾，仁即離殼。但仁外有薄皮如麩，打不能去。」《齊民要術》云：「穬麥，大麥類，早晚無常。」這種麥還無實物出土，其形狀無從得知。

甘肅省文物考古研究所（1991，62 頁）：《廣韻》：「青稞，麥名。」《齊民要術·大小麥》：「美田唯穬麥。」注：「大麥類。」《文選》卷五七潘安仁《馬汧督誄》注引崔寔《四民月令》注云：「大麥之無皮毛者曰穬。」可知稞大麥稱「穬麥」，在青藏高原稱「青稞」。漢簡中所稱之「穬麥」，當亦指青稞。穬麥為漢代西北邊郡屯戍士卒的主要口糧之一。

胡平生、張德芳（2001，53 頁）：有皮芒之大麥。

李天虹（2003，79 頁）：穬，大麥；麥，即今天的小麥。

李艷玲（2018，123 頁）：漢代穬麥是指今皮大麥，也叫稃殼大麥。

今按，諸說多是。穬麥為大麥之一種，當指皮大麥。

· 鴻嘉五年田校穀☐   73EJT23：142

戍卒濟陰郡定陶〔1〕常富〔2〕里董安定〔3〕（上）
三石具弩一完　承弦二完　靳干幡各一完
櫜矢五十完　　弩幅一完　蘭冠各一完（下）   73EJT23：145

【校釋】

「蘭冠」的「冠」黃艷萍（2016B，135 頁）、（2018，138 頁）認為當作「寇」。今按，字作 形，確當為「寇」，此處當是「冠」字書誤。

【集注】

〔1〕定陶：濟陰郡屬縣。

〔2〕常富：里名，屬定陶。

〔3〕董安定：人名，為戍卒。

緱氏閒里〔1〕楊玄成〔2〕，年卅　字君光氏　正月壬申出，三月丙寅

73EJT23：146

【集注】

〔1〕閒里：里名，屬緱氏縣。

〔2〕楊玄成：人名。

☑庸同縣大昌〔1〕里簪褭趙可〔2〕，年卅七（竹簡）　　73EJT23：147

【集注】

〔1〕大昌：里名。

〔2〕趙可：人名。

☑萬賞，年廿三　黑色、長七尺二寸　卩出　右☑　　73EJT23：148

出錢千一百五十　　☑　　73EJT23：149

☑隧長處定世〔1〕七月八月奉用☑　　73EJT23：151

【集注】

〔1〕處定世：人名，為隧長。

……年二月辛卯，付氐池守令史☑

出麥一石，五年四月丁酉，付氐池守令史☑

□直麥十一石……☑　　73EJT23：156A

出麥大石三石　　☑

右昭武　□月□戌付沙頭☑　　73EJT23：156B

☑　△　劍一　　73EJT23：158

□九月奉千二百　　☑　　73EJT23：159

☑□弦三百卅五　凡弦三□☑　　73EJT23：160

戍卒趙國易陽侯里〔1〕李董高〔2〕　　☑　　　　　　　73EJT23：161

【校釋】

「董」原作「登」，姚磊（2017J4）、（2018E，202頁）釋。

【集注】

〔1〕侯里：里名，屬易陽縣。

〔2〕李董高：人名，為戍卒。

戍卒上黨郡襄垣〔1〕石成〔2〕里大夫李輔功〔3〕　年廿四、長七尺二寸、黑色☑
　　　　　　　　　　　　　　　　　　　　　　　　　　73EJT23：163

【集注】

〔1〕襄垣：上黨郡屬縣。《漢書・地理志上》：「襄垣，莽曰上黨亭。」

〔2〕石成：里名，屬襄垣縣。

〔3〕李輔功：人名，為戍卒。

☑□上造□□年冊三代　　　　　　　　　　　　　　　73EJT23：168

☑□詣府　二月辛卯南入　　　　　　　　　　　　　　73EJT23：170

☑□六　庸同邑高里〔1〕公乘胡駿〔2〕，年廿五　　　　　73EJT23：174

【校釋】

田炳炳（2014E）綴合簡73EJT21：323和該簡。姚磊（2018E，44頁）指出不能綴合。今按，兩簡屬不同探方出土，字體筆迹不同，茬口處不能吻合，顯不能綴合。

【集注】

〔1〕高里：里名。

〔2〕胡駿：人名。

第六隧長殷延壽〔1〕　未得九月奉六百☑　　　　　　　73EJT23：176

【校釋】

「殷」姚磊（2017C6）釋「段」。今按，該字圖版作 形，似非「段」字，整理者釋讀不誤。

【集注】

〔1〕殷延壽：人名，為隧長。

☑月戊子出☑☑   73EJT23：180

☑☑四☑☑   73EJT23：181

☑睢陽為陽里☑☑   73EJT23：182

☑壬子☑☑☑   73EJT23：183

☑△   弩矢五十   ∫   73EJT23：184

驪軒苑奴牡番和宜便〔1〕里☑☑   73EJT23：193

【集注】

〔1〕宜便：里名，屬番和縣。

☑☑亥   ☑☑☑   字子君

☑……   73EJT23：194

【校釋】

    第一行中間未釋字姚磊（2017H5）補釋作「守錢☑」，李穎梅（2018，114頁）補釋作「守馬丞」，其中第三字秦凤鶴（2018，89頁）補釋作「李」。又「子」字姚磊（2017H5）改釋「元」。

    今按，第一行中間未釋第一字釋「守」可從，其餘兩字作「馬丞」則非是，第三字釋「李」亦存有疑問，其中第二字似為「錢」字。又「子」釋「元」或可從。但以上諸字釋讀均不能十分肯定，暫從整理者釋。

☑☑嚴二月盡五月   ☑☑☑

☑☑千四百   ☑   73EJT23：201A②

☑……☑   73EJT23：201B②

☑……☑

☑☑年十月盡十二月☑   73EJT23：216

出麤六斗六升大   ☑   73EJT23：220

☑☑少一   73EJT23：221

☑四月己酉☑☑   73EJT23：223

☑年廿二歲、長六尺七寸、墨色〔1〕　　☑　　　　　　　73EJT23：228

【集注】

〔1〕墨色：汪受寬（2014，128頁）：主人為「墨色」，其為來自異域之極黑皮膚之
　　　黑色人種似應毫無疑義。

　　　今按，其說似不妥。「墨」當通「黑」，墨色亦即黑色。

☑□□舖至庠竟〔1〕積四□☑　　　　　　　　　　　73EJT23：231

【集注】

〔1〕庠竟：隧名。

　　　　　　□□□□　二人省府　六人□☑
右符
　　　　　　□□□□　六人省□　一人□☑　　　　　73EJT23：235

當井〔1〕隧長隆〔2〕召詣廷　二月庚申舖坐入　　　73EJT23：236

【集注】

〔1〕當井：隧名。

〔2〕隆：人名，為當井隧長。

居延司馬從所大奴破胡〔1〕，年卅五　　☑　　　　73EJT23：242

【集注】

〔1〕破胡：人名，為大奴。

☑四月甲寅，彭〔1〕弟子阿〔2〕　　付尉史譚〔3〕　　∫　　73EJT23：245

【集注】

〔1〕彭：人名。

〔2〕子阿：人名，為彭弟。

〔3〕譚：人名，為尉史。

出□□百一□……☑　　　　　　　　　　　　　　73EJT23：246

☑二人要虜〔1〕卒☑☑　　　　　　　　　　　　　　73EJT23：248

【集注】

〔1〕要虜：隧名。

田卒魏郡內黃長里〔1〕馮定〔2〕，年廿七　　　　　　73EJT23：249

田卒魏郡內黃博望〔3〕里□開，卅　　☑　　　　　　73EJT23：250

【校釋】

　　以上兩簡形制、字體筆迹等一致，內容相關，或屬同一簡冊，當可編連。

【集注】

〔1〕長里：里名，屬內黃縣。

〔2〕馮定：人名，為田卒。

〔3〕博望：里名，屬內黃縣。

□□□五千八百八十七石　　☑　　　　　　　　　　73EJT23：251

☑九月己卯☑　　　　　　　　　　　　　　　　　73EJT23：252

☑　六月☑　　　　　　　　　　　　　　　　　　73EJT23：254

☑十　　　　　　　　　　　　　　　　　　　　　73EJT23：255

☑齒十二歲，賈　泉四千五十　卩☑　　　　　　　　73EJT23：257

☑廿七　卒馬侯　☑　　　　　　　　　　　　　　73EJT23：261

☑佐前　以稟始安〔1〕隧長☑　　　　　　　　　　73EJT23：262

【校釋】

　　「稟」原作「廩」，黃艷萍（2016B，123 頁）、（2018，135 頁）釋。

【集注】

〔1〕始安：隧名。

☑　卩　　　　　　　　　　　　　　　　　　　　73EJT23：266

河上候史矛忠〔1〕　　☑　　　　　　　　　　　　73EJT23：267

【集注】

〔1〕矛忠：人名，為候史。

肩水騂北亭長辛臨☑　　　　　　　　　　　　　　73EJT23：268

卒二人　　☑　　　　　　　　　　　　　　　　73EJT23：271

校六月十五日丁未候長□□□□☑　　　　　　　73EJT23：272

九月十四日　　☑　　　　　　　　　　　　　　73EJT23：273

☑四石尊各卅斗　　　　　　　　　　　　　　　73EJT23：283

出粟二石　稟右前候史王隆〔1〕十月食　　　　　73EJT23：284

【校釋】

「稟」原作「廩」，黃艷萍（2016B，123頁）、（2018，135頁）釋。

【集注】

〔1〕王隆：人名，為右前候史。

臨澤〔1〕隧牛卯〔2〕、襄澤〔3〕隧長李凷〔4〕、臨利〔5〕隧長孫慶〔6〕、禽寇〔7〕
隧宋宋良〔8〕、窮寇〔9〕隧長張□☑　　　　　　　73EJT23：287A
右前部隧亭　　☑　　　　　　　　　　　　　　73EJT23：287B

【校釋】

「宋宋良」原簡當衍一「宋」字，或前一個「宋」為「長」字之誤。

【集注】

〔1〕臨澤：黃艷萍（2016A，120）：右前部屬肩水候官，襄澤燧、臨利燧、禽寇燧、
　　窮寇燧皆屬肩水候官，故與之並列的「臨澤燧」也應屬肩水候官。
　　　　　　今按，其說是。臨澤為隧名。

〔2〕牛卯：人名，當為臨澤隧長。

〔3〕襄澤：隧名。

〔4〕李凷：人名，為襄澤隧長。

〔5〕臨利：隧名。

〔6〕孫慶：人名，為臨利隧長。

〔7〕禽寇：隧名。

〔8〕宋良：當為禽寇隧長。

〔9〕窮寇：隧名。

日計　　　　　籩一，直十八　　贛□一，直六十　　☑

酒二石，直二百卅　梟一斤，直十　　□卅五，直□……

□一，直十八　　米四斗，直六十六　☑

　　　　　　　　肉四斤，直廿六　　……

脯一束，直十　　豚一，直六十　　……

　　　　　　　　　　　　　　73EJT23：663A+321A+993A+294A

……　　鹽二升，直廿六　□米一斗□　猶三斤，直卅

當所市　麴三斗，直十八　□一斗，直卅　□一石，直卅☑

……　　□□二半七　　　一兩廿五　　□□束直十

　　　　麗實一半三錢　☑　　　73EJT23：294B+993B+321B+663B

【校釋】

　　伊強（2015F）曾綴合簡 73EJT23：321+294，姚磊（2017L，192～193 頁）又綴簡 73EJT23：663，綴合後簡号順序 A、B 面均作 73EJT23：321+294+663。何茂活（2018A，118 頁）則綴合簡 73EJT23：294+993+321。現在看來，以上四簡當可綴合，綴合後 A 面從右到左為 73EJT23：663+321+993+294，B 面則相反。姚磊（2019C5）亦認為上述四簡可綴合。

　　A 面第三行「一」字原未釋，姚磊（2019C5）釋。B 面第三行「□□一半七」原未釋，姚磊（2019C5）作「□□二半七」，葛丹丹（2019，1644 頁）作「□□一半十」。今按，從圖版來看，似當作「□□一半七」。

　　又 A 面第二行「卅五」之後「直□」、B 面第三行「□□束直十」原未釋，均何茂活（2018A，118 頁）補釋。「直□」姚磊（2019C5）則作「□枚」，「□□束直十」 姚磊（2019C5）作「□□□直□」。

　　又 B 面第一行「猶」字伊強（2015F）、姚磊（2017L，193 頁）均作「醬」，姚磊（2019C5）則作「□」。今按，該字圖版作 形，隸定作「猶」，為「醬」字無疑，徑釋「醬」也可。

　　又 A 面第二行「卅五」之前何茂活（2018A，118）認為是「鑿」，B 面第一行「米一斗」後一字葛丹丹（2019，1644 頁）釋「廿」，B 面第三行「一兩」前姚磊（2019C5）補「生□」二字。今按，說或是，但這些字模糊不清，不能確知，暫從整理者釋。

......

毋尊布〔1〕 □匹，直三百八十，梁卿取

......   73EJT23：296A

　　　徐君□

馮等再拜

　　　竇君伯   73EJT23：296B

【集注】

〔1〕毋尊布：中國簡牘集成編輯委員會（2001H，113頁）：無尊布，為五緵布，漢
　　　代八十縷經線為一緵，五緵布為一種質地較粗的麻布。
　　　　　今按，其說當是。

□□□□里公乘侯尊〔1〕，年廿　字君稚，六月甲午入。車一兩，用牛一，齒
十二歲   73EJT23：297

【集注】

〔1〕侯尊：人名。

安農〔1〕隧卒王同〔2〕　自言數省，今歸同隧部為發伉健〔3〕卒代
                                                          73EJT23：298

【集注】

〔1〕安農：隧名。

〔2〕王同：人名，為戍卒。

〔3〕伉健：王國維、羅振玉（2013，213頁）：「伉健」者，漢兵之一種。《漢書・匈
　　　奴傳》：「本始二年，漢大發關東輕銳，選郡國吏三百石伉健習騎射者，皆從
　　　軍。」又《趙充國傳》：「四月草生，發郡騎及屬國胡騎伉健各千，倅馬什二，
　　　就草。」據二條所記，伉健蓋騎兵矣。
　　　　　中國簡牘集成編輯委員會（2001I，283頁）：伉健，謂體格強健，又指勇
　　　武之士。《漢書・宣帝紀》：「秋，大發興調關東輕車銳卒，選郡國吏三百石伉
　　　健習騎射者，皆從軍。」
　　　　　邢義田（2011E，537頁）：今由新發表的居延簡及敦煌簡可證伉健為漢代
　　　人事術語，其意殆如字面，指亢強勇健者。
　　　　　今按，諸說多是。伉健謂身體強健，並非漢兵之一種。

出泉三百六十，糧黃米一石、麴〔1〕三石，賈人任子□　□月三日買　十月四
日買　卅束，直卅。買蔥一，直十五　　　　　　　　　73EJT23：299

【校釋】

第二行「直卅」的「卅」原作「卌」，胡永鵬（2014A，235頁）釋。

【集注】

〔1〕麴：薛英群、何雙全、李永良（1988，41頁）：同麴。釀酒或製醬用的發酵物。
《列子·楊朱》：「聚酒千鐘，積麴成封。望門百步，糟漿之氣逆於人鼻。」
今按，說是。「麴」即酒麴。《玉篇·麥部》：「麴，米麥糵摠名。」

表是安樂〔1〕里魯音〔2〕，年卅一　牛一頭　五月甲　▨　　73EJT23：303

【集注】

〔1〕安樂：里名，屬表是縣。

〔2〕魯音：人名

▨□官　廚　田官　諸尉　獄　　　　　　　　　　　73EJT23：304

汲垂〔1〕二　　　　　　　　　　　　　　　　　　　73EJT23：305

【集注】

〔1〕汲垂：于淼（2020，405頁）：汲甀是一種小口的汲水工具，作為守禦器，往
往與儲水器「罌」配套使用，非汲水狀態時或可以懸掛，有耳或提梁。
今按，說當是。「垂」當同「甀」，也寫作「甀」，為小口的甕。《說文》：
「甀，小口罌也。」汲垂即用於汲水的小口甕。

左後守候長徐……詣廷　閒……　　　　　　　　　　73EJT23：306

……

十月乙丑事已，未得元鳳　　　　　　　　　　　　　73EJT23：309

▨橐四　深目〔1〕六　轉射〔2〕七　　　　　　　　　73EJT23：310

【集注】

〔1〕深目：勞榦（1960，51頁）：弩之射準明人稱為照門者，簡中稱為深目……深
目有設於轉射之上者。轉射即後世之弩牀也。

初師賓（1984A，192 頁）：深目當指塢壁垣堞上的視孔、垛眼，因垣堞皆有厚度，故垛眼需內窄而外闊。轉射如砌入墻內，外側墻體亦需築出一相同的洞口。否則，轉射的轉角一無作用，只能直射、直視，射角、視野極有限。因此，轉射的深目指外側的開闊洞口，單獨的深目指垛眼，而每一轉射必築於一深目即垛眼之中。

薛英群、何雙全、李永良（1988，126 頁）：即瞭望孔，多設於塢、垣、堞上，轉射上之小孔，亦可稱深目。

程喜霖（1990，90 頁）：指探視孔，與轉射置在一起，是觀察敵情的裝置。

薛英群（1991，400 頁）：「深目」。似指「轉射」的中間可轉動的軸。中刻長孔，形似豎立的人眼，又用以瞭望，起到「目」的作用。

李天虹（2003，115 頁）：深目也設置在塢墻上，通俗地講就是瞭望孔。簡文將轉射和深目並記，大約是因為轉射是構築在深目里的。

中國簡牘集成編輯委員會（2001H，296 頁）：深目，一指轉射的構件，即向外瞭望、瞄準的射孔；一指塢壁垣堞上的射孔、垛眼。

黃今言（2012，99～100 頁）：應當是塢墻垣堞上的視孔，或塢墻上觀察目標的瞭望裝置。

冨谷至（2018，191）：暫且將其解釋為「監視孔，射擊孔」。

今按，諸說多是。簡文深目常和轉射並列一起，因此其應非轉射的構件。從其字面意思來看，深目當是設置在城墻上用於隱蔽瞭望的孔。

〔2〕轉射：初師賓（1984A，190～191 頁）：居延簡凡言轉射，多註明位置為「塢上」「堞上」，並多與弩臂並論，其特點是承受長臂轉動發射，故稱轉射……居延所出諸轉射，規格大體一致。皆以四根方木合成Ⅱ字方框，高約 41 釐米，中心豎裝一有軸圓柱狀木，柱中豎鑿一斜下式長方孔，孔下安一小木柶，可使中軸左右轉動，控制轉角 100°～110°左右。有柶的一面較光潔，全塗紅色，側、背面粗糙不平並黏有泥漿。結合出土時，所有轉射均位於塢墻腳下，又可斷定它們原來嵌砌在埤堄之上。

薛英群（1991，400 頁）：「轉射」。是木製的框架，中間有一轉動的圓軸，中間刻孔，圓軸裝於框中，左右可以轉動，可通過圓孔瞭望，也許可以射箭。

黃今言（1993，292 頁）：大概是承受弩長臂轉動的發射裝置。

　　中國簡牘集成編輯委員會（2001G，293 頁）：其實物，居延考古已發現，
為鑲嵌塢壁之木框，中心有立軸，軸上開箭孔，可以由城上向下左右射箭，亦
可觀察敵情，並可封閉以防敵襲擊。

　　李天虹（2003，115 頁）：轉射設置在塢墻上，用於承受弩長臂以便轉動
發射，從出土實物看，是呈Ⅱ形的木器。

　　李均明（2007，77 頁）：轉射的大致形制是在四根方木構成的Ⅱ形方框，
正中豎裝一圓柱形木柱，柱中部鑿有用以射擊及瞭望的方孔，可左右轉動，可
支撐弩機及蔭蔽射擊手。

　　今按，諸說是。轉射主要用於承受弩機以轉動射擊。

陽夏官成〔1〕里陳青臂〔2〕（上）
……　賈賣皂複袍一領，直二千六百，故箕山〔3〕隧長氏池□□□趙聖〔4〕所，
又錢廿，凡直二千六百廿
付□□二……　已入八十，少二千五百冊　畢　弓　付（下）73EJT23：320

【集注】
〔1〕官成：里名，屬陽夏縣。
〔2〕陳青臂：人名。
〔3〕箕山：隧名。
〔4〕趙聖：人名，為箕山隧長。

……　　　　　　　　　　　　　　　　　出錢百中部□□
見錢十六萬八千七百，付就人・凡當三萬八千六錢
□□□□　　　　　　　　　　　　　　・凡付就人三百九十六錢
　　　　　　　　　　　　　　　　　　　73EJT23：322A
□五十四叮　　中部六十三□百錢　十一月奉三千
左前五十四叮　北部六十三叮　　　十二月奉三千六百　四千五百□□
　　　　　　　　　　　　　　　　　　　73EJT23：322B
□陽里公乘□□，年卅五　輜車一乘　三月辛亥，北出　　73EJT23：329
☑　千　弓　　　　　　　　　　　　　　　　73EJT23：331

居延卅井尉史李譚〔1〕　馬一匹　四月戊辰出　　　73EJT23：334

【集注】

〔1〕李譚：人名，為卅井尉史。

觻得千乘〔1〕里孫陽〔2〕，年廿五，觻得丞印　　弟胥□，年十八　右二人鄭程
〔3〕葆　　　　　　　　　　　　　　　　　　　73EJT23：341+813

【校釋】

姚磊（2017L，194頁）綴。又原釋文「年廿五」的「年」字脫，據圖版補。

【集注】

〔1〕千乘：里名，屬觻得縣。

〔2〕孫陽：人名。

〔3〕鄭程：人名。

收降〔1〕隧　　☑　　　　　　　　　　　　　73EJT23：342

【集注】

〔1〕收降：隧名。

輜車二乘　　☑　　　　　　　　　　　　　73EJT23：343A
……　　☑　　　　　　　　　　　　　　　73EJT23：343B

王子長〔1〕　　鮮于長史〔2〕　　☑
孫卿〔3〕　　　仲稚季〔4〕　　☑
李長孫〔5〕　　☑
□□□　　☑　　　　　　　　　　　　　　73EJT23：344

【集注】

〔1〕王子長：人名，字子長。

〔2〕鮮于長史：或為姓鮮于的長史。

〔3〕孫卿：卿當為尊稱。

〔4〕仲稚季：人名，字稚季。

〔5〕李長孫：人名，字長孫。

☑高六尺　　☑　　　　　　　　　　　　　　　　73EJT23：346

☑　詣府　二月☑　　　　　　　　　　　　　　　73EJT23：351

【校釋】

　　姚磊（2017L，195 頁）綴合該簡與簡 73EJT23：452。今按，兩簡形制、字體筆迹等似不一致，茬口處似不能密合，似不能綴合。

出錢百廿　五石甖　☑　　　　　　　　　　　　　73EJT23：355

☑正月奉六百，以付☑

☑　為言　乃☑　　　　　　　　　　　　　　　　73EJT23：370+358

【校釋】

　　姚磊（2019C3）綴合。「乃」字原缺釋，姚磊（2017D3）補釋。

錢百七十七　　☑　　　　　　　　　　　　　　　73EJT23：368

　　　　　　……□□□□□□□錢七千五百□錢七十□□□直錢☑
☑受降〔1〕隧卒□□　……□□□□初元二年六月庚辛，酒肉□□□□□□☑
　　　　　　……□□□□□錢六十　　☑　　　　73EJT23：369

【校釋】

　　第二行「庚辛」胡永鵬（2014B，276 頁）、（2016A，263 頁）認為是書誤，黃艷萍（2014B，194 頁）認為或是「甲午」之訛。今按，諸說是，該簡文字漫漶不清，不能辨識，整理者釋讀似有誤。

【集注】

〔1〕受降：隧名。

居攝元年五月〔1〕省卒稟名籍〔2〕　　☑　　　　73EJT23：372

【校釋】

　　「稟」原作「廩」，黃艷萍（2016B，123 頁）、（2018，135 頁）釋。

【集注】

〔1〕居攝元年五月：肖從禮（2012A，74 頁）：「五月」為目前所見漢簡中居攝元年

年號最早的月份。由於此簡性質為統計類的標題簡，故「居攝元年五月」有可能屬於追記，不能作為最早使用居攝年號的依據。

今按，其說或是。但該簡屬稟名籍的標題，為當時作成，似不大可能為追記。

〔2〕稟名籍：冨谷至（1998，228 頁）：通常吏卒的食糧在該月的前一個月計算配給。首先各部向候官提交食糧配給預定者名籍，這個名籍就叫「稟名籍」。它只記錄吏卒所屬的機構和姓名，不記錄配給量。接到「稟名籍」的候官，以此為根據算出每個配給者的配給量，並作成配給總賬。這就是「當食者案」。候官大約在每月中旬配給各部食糧，各部派遣若干人到候官領取。而在穀物支出時作成的叫「穀出入簿」（確切地說應該叫「穀出簿」），支出的總量和所作的「當食案」的計算量應該吻合，因此，「穀出入簿」和「當食案」兩者集中由候官保管。由候官運回部的食糧，又由部下發到個燧，最終發給吏卒個人。每個燧都有從燧長到卒領取者的名字和領取量並簽字的收據簿。這是由部支付燧階段的領取記錄，在部作成、整理，在每月晦日送到候官。這個也應叫收據簿的名籍，就是「稟某月食名籍」。

李天虹（1998，334 頁）：漢代邊塞的稟名籍存在兩種形式：一種是申請稟食的名籍，由部編製；一種是實際發放的名籍，由倉編製。兩種稟名籍都要上報候官。部編製的稟名籍的呈報時間可能是預先規定好的。邊塞稟給吏卒的月食糧多是三石三斗三升少，低於常人的實際食量。而且候官內的最高級吏員候、尉的食糧可能不由公家供給。邊塞存在食糧不足的情形。當食者案和稟名籍性質相似。平時駐守於烽燧的吏卒的稟食情形記入稟名籍，剛剛到達邊塞的新卒，在等待具體分配期間的稟食情形則記入當食者案。

冨谷至（2013，326 頁）：吏卒的糧食，需要預先算定支給人數，並且提前發放。預定領取予定者即「當食者」，這種概算發放最終必須根據領取者的移動、死亡以及其他情況進行精算調整。為此所做的調查及其調查書，就是「當食者案」——即有關預定領取糧食者實際領取量調查書。

今按，稟名籍即領取糧食的人員登記名冊，其和當食者案性質不同。冨谷至（1998）和李天虹對當食者案的看法不確。「當食者案」當如冨谷至（2013）所說，是有關預定領取糧食者實際領取量的調查書。

鱳得騎士千秋〔1〕張輔〔2〕　載荻百束　☑　　　　　　　73EJT23：373

【集注】

〔1〕千秋：當為里名。

〔2〕張輔：人名，為騎士。

☑領，直五十五。又貸幼〔1〕麥二石六斗，直二百六十。貰買幼百布綺一兩、

布袍一領　　　　　　　　　　　　　　　　　　　　　73EJT23：374

【集注】

〔1〕幼：人名。

☑第六隧長殷延☑　　　　　　　　　　　　　　　　　73EJT23：375

富里〔1〕公乘呂昌〔2〕，年廿九　黑色　長七尺三寸　牛車一兩、牛二　正月

入□出　　　　　　　　　　　　　　　　　　　73EJT23：659+376

【校釋】

姚磊（2016H2）綴。

【集注】

〔1〕富里：里名。

〔2〕呂昌：人名。

☑□　未得九月奉六百　乙未☑　　　　　　　　　　　73EJT23：377

出麻二石　至八月己丑除書到☑　　　　　　　　　　73EJT23：378

【校釋】

「麻」字張再興、黃艷萍（2017，75頁）釋「疒」，認為「疒」可能讀作「耕」。

今按，釋或可從，該字圖版作 　 形，亦有可能為「麋」字異體。

☑祿福始昌〔1〕里江道人〔2〕　牛車一□☑　　　　73EJT23：379+387

【校釋】

楊小亮（2013，282頁）綴。

【集注】

〔1〕始昌：里名，屬祿福縣。

〔2〕江道人：楊小亮（2013，282 頁）：以道人為名，金關簡中亦有他例，或許與
東漢西北地區道教傳播有關。

今按，其說或是。道人為人名。

☒五兩輸肩水已　☒　　　　　　　　　　　　　　　73EJT23：381

☒□取　百五十孫聖夫〔1〕取　　　　　　　　　　　73EJT23：382

【集注】

〔1〕孫聖夫：人名。

☒奉錢卅九萬四千六百九十☒　　　　　　　　　　　73EJT23：383

䌛得騎士富貴〔1〕里高齊〔2〕　年廿五☒　　　　　　73EJT23：384

【集注】

〔1〕富貴：里名。

〔2〕高齊：人名，為騎士。

為職至今年十一月甲寅所部候史䌛得☒　　　　　　　73EJT23：386

入雞一、雞子〔1〕十　元康三年三月甲午朔丙辰〔2〕，嗇夫蓋眾〔3〕受☒
　　　　　　　　　　　　　　　　　　　　　　　　73EJT23：389

【集注】

〔1〕雞子：當指雞蛋。《漢書·司馬相如傳上》：「荅遝離支，羅乎後宮。」顏師
古注引晉灼曰：「離支大如雞子，皮麤，剝去皮，肌如雞子中黃，味甘多酢
少。」

〔2〕元康三年三月甲午朔丙辰：元康：漢宣帝劉詢年號。據徐錫祺（1997，1557 頁），
元康三年三月甲午朔，二十三日丙辰，為公曆公元前 63 年 5 月 11 日。

〔3〕蓋眾：人名，為嗇夫。

馴望〔1〕隧長武生☒　　　　　　　　　　　　　　　73EJT23：390

【集注】

〔1〕馴望：隧名。

☑　稟廣漢〔1〕隧長宋長〔2〕八月☐☑　　　　　　　　73EJT23：392

【校釋】

「稟」原作「廩」，黃艷萍（2016B，123頁）、（2018，136頁）釋。

【集注】

〔1〕廣漢：隧名。

〔2〕宋長：人名，為廣漢隧長。

☑署所稟莒矢九十二　☑　　　　　　　　　　　　　　73EJT23：396A

☑所稟莒矢九十二　☑　　　　　　　　　　　　　　　73EJT23：396B

☑☐丁丑去☑　　　　　　　　　　　　　　　　　　73EJT23：397

☑卩　馬一匹　ㄋ　　　　　　　　　　　　　　　　73EJT23：398

☑八石具弩一　☑　　　　　　　　　　　　　　　　73EJT23：399

張掖肩水候官塞有秩士吏公乘張弘〔1〕　　元☑　　　　　73EJT23：400

【校釋】

「塞」原未釋，胡永鵬（2013）、（2014A，238頁）釋。

【集注】

〔1〕張弘：人名，為塞有秩士吏。

☑……☑　　　　　　　　　　　　　　　　　　　　73EJT23：401

……☑　　　　　　　　　　　　　　　　　　　　　73EJT23：402A

……☑　　　　　　　　　　　　　　　　　　　　　73EJT23：402B

☑第卅　☐☐☐☐☐☐☐☑　　　　　　　　　　　　73EJT23：407

出臨澤〔1〕隧長彭運〔2〕二百廿束　居聑三年閏☑　　　73EJT23：414

【集注】

〔1〕臨澤：隧名。

〔2〕彭運：人名，為臨澤隧長。

出賦泉六百　　ϟ ☒ 　　　　　　　　　　　　73EJT23：417

☒凡入穀五千六百五十七石九斗少　受☒ 　　　73EJT23：421

☒□五千六百九十五石四斗少☒ 　　　　　　73EJT23：422

守置佐高嘉〔1〕，年卅☒ 　　　　　　　　　73EJT23：427

【集注】

〔1〕高嘉：人名，為守置佐。

☒　五百　☒ 　　　　　　　　　　　　　　73EJT23：428

☒　視☒ 　　　　　　　　　　　　　　　　73EJT23：430

☒　其萬八☒ 　　　　　　　　　　　　　　73EJT23：434

☒□年廿八……☒ 　　　　　　　　　　　　73EJT23：437

☒趙稚，年廿☒ 　　　　　　　　　　　　　73EJT23：442

☒虜隧戍卒趙國襄國☒ 　　　　　　　　　　73EJT23：445

【校釋】

「隧戍」、簡末「國」字原均未釋，胡永鵬（2014A，238 頁），姚磊（2017C6）、
（2018E，203 頁）釋。

☒十二日亭長譚〔1〕入 　　　　　　　　　　73EJT23：452

【校釋】

姚磊（2017L，195 頁）綴合簡 73EJT23：351 與該簡。今按，兩簡形制、字體
筆迹等似不一致，茬口處似不能密合，似不能綴合。

【集注】

〔1〕譚：人名，為亭長。

☒□誼省府☒ 　　　　　　　　　　　　　　73EJT23：454

☒五卩 　　　　　　　　　　　　　　　　　73EJT23：458

大車一兩　☒

用牛一頭　☒ 　　　　　　　　　　　　　　73EJT23：460

☒□□　槀矢五十　☒

☑　　　劍一　☑　　　　　　　　　　　　　73EJT23：462

☑寸、黑色　☑　　　　　　　　　　　　　73EJT23：465

觻得步利〔1〕里公乘程歆〔2〕，年☑　　　　　73EJT23：467

【集注】

〔1〕步利：里名，屬觻得縣。

〔2〕程歆：人名。

☑卒☑☑　　　　　　　　　　　　　　　73EJT23：470

☑四斗☑　　　　　　　　　　　　　　　73EJT23：475

☑□百九☑　　　　　　　　　　　　　　73EJT23：477

肩水候官神爵二年七月吏☑　　　　　　　73EJT23：480

朱幼季〔1〕少九亅　散幼君〔2〕少十四亅　　☑

段子賓〔3〕多十亅　楊翁前〔4〕多十　　☑　　　73EJT23：481A

止虜〔5〕隧長申延壽〔6〕九月　候史唐忠〔7〕九月　☑

　　　　　　　　散幼君五十　　孫子卿〔8〕百廿　☑

安樂〔9〕隧長孫東門〔10〕九月　聞賓〔11〕九十二　李子高〔12〕三百八十☑

　　　　　　　　　　　　　　　　73EJT23：481B

【集注】

〔1〕朱幼季：人名。

〔2〕散幼君：人名。

〔3〕段子賓：人名。

〔4〕楊翁前：人名。

〔5〕止虜：隧名。

〔6〕申延壽：人名，為止虜隧長。

〔7〕唐忠：人名，為候史。

〔8〕孫子卿：人名。

〔9〕安樂：隧名。

〔10〕孫東門：人名，為安樂隧長。

〔11〕聞賓：人名。

〔12〕李子高：人名。

廣野〔1〕隧卒淳于德〔2〕　　　　　　　　　　　　　73EJT23：482

【集注】

〔1〕廣野：隧名。

〔2〕淳于德：人名，為戍卒。

甲寅迹，毋越塞出入迹　　☑　　　　　　　　　　　73EJT23：483

☑牛車一兩　弩一、矢五十　卩　　　　　　　　　　73EJT23：485

☑十一月庚申入　年卅二☑　　　　　　　　　　　　73EJT23：486

☑□湯溫里……　☑　　　　　　　　　　　　　　　73EJT23：487

☑望城〔1〕隧卒成頤〔2〕　貰賣布一匹，賈錢二百五十，貸錢百卅，凡直三百
九十，故水門〔3〕隧長尹野〔4〕所　　　　　　　　73EJT23：488+963

【校釋】

　　伊強（2016E，118頁）綴。「成」原作「咸」，何茂活（2014C）、（2016A）、（2018，
118頁），張再興、黃艷萍（2017，76頁）釋。又「頤」字伊強（2016E，118頁）
認為是「頄」，張再興、黃艷萍（2017，76頁）認為是「頤」的訛變。今按，該字圖
版作　，當為「頤」，其左邊部件為漢簡「臣」普遍寫法。

☑　　賣絑一兩，直錢廿三；革帶二枚，直六十。・凡直八十三。故水門隧長
屋闌富昌〔5〕里尹☑　　　　　　　　　　　　　　73EJT23：964+516

【校釋】

　　伊強（2016E，117頁）綴。又第一行「絑」字原作「絑」，其當從「末」，據改。

廣野〔6〕隧卒勒忘〔7〕　貰賣縿一匹，隧長屋闌富昌里尹野所　丿
　　　　　　　　　　　　　　　　　　　　　　　　73EJT23：965

【校釋】

　　「縿」字原作「縹」，何茂活（2014B，235頁）指出圖版實作「縿」字。黃艷
萍（2016B，136頁）、（2018，138頁）作「縿」。今按，說是。該字圖版作　，
當釋「縿」。

　　以上三簡形制、字體筆迹一致，內容相關，當屬同一簡冊，或可編連。

【集注】

〔1〕望城：隧名。

〔2〕成頤：人名，為戍卒。

〔3〕水門：隧名。

〔4〕尹野：人名，為水門隧長。

〔5〕富昌：里名，屬屋蘭縣。

〔6〕廣野：隧名。

〔7〕靳忘：人名，為戍卒。

☑三升少　以稟夷胡〔1〕隧卒☑　　　　　　　　　　　　73EJT23：493

【校釋】

「稟」原作「廩」，黃艷萍（2016B，123 頁）、（2018，136 頁）釋。

【集注】

〔1〕夷胡：隧名。

☑隧戍卒梁國菑市陽〔1〕里☑　　　　　　　　　　　　73EJT23：498

【集注】

〔1〕市陽：里名，屬菑縣。

☑二索不事用　　☑　　　　　　　　　　　　　　　　73EJT23：499

☑以稟安竟〔1〕隧卒徐充光〔2〕三月食☑　　　　　73EJT23：500+511

【校釋】

楊小亮（2013，283 頁）綴，綴合處補釋「徐」字。又「稟」原作「廩」，楊小亮（2013，283 頁），黃艷萍（2016B，123 頁）、（2018，136 頁）釋。

【集注】

〔1〕安竟：何茂活（2018B，127 頁）：「安竟」命意明顯，即安撫邊境、使邊境安寧之意。

今按，說是，安竟為隧名。

〔2〕徐充光：人名，為戍卒。

☑水門〔1〕隧卒淳于□☑　　　　　　　　　　　　　　　　73EJT23：501

【校釋】

　　未釋字圖版作 形，或為「得」字。

【集注】

〔1〕水門：隧名。

☑中故水門〔1〕隧長尹野〔2〕，使水門隧卒成弱、郭徒、毋何〔3〕貰買皂布一
匹，直三百　　　　　　　　　　　　　　　　　　　　　73EJT23：503+925

【校釋】

　　姚磊（2017L，197頁）、（2018E，20頁）綴。「買」黃艷萍（2016B，136頁）、
（2018，138頁）認為當作「賣」，此處為「買」的訛寫。今按，說是。該字作
形，當為「買」字書誤。

【集注】

〔1〕水門：隧名。
〔2〕尹野：人名，曾為水門隧長。
〔3〕成弱、郭徒、毋何：成弱、郭徒、毋何似分別為戍卒名字。

☑沙頭〔1〕亭卒市　　　　　　　　　　　　　　　　　　73EJT23：505

【集注】

〔1〕沙頭：亭名。

☑　　人積茭百五十石☑　　　　　　　　　　　　　　　73EJT23：508

☑□谷隧長屋蘭福至〔1〕里薛某　　　　　　　　　　　73EJT23：531+509

【校釋】

　　楊小亮（2013，283頁）綴。

【集注】

〔1〕福至：里名，屬屋蘭縣。

駟望〔1〕隧卒駒毋何☑　　　　　　　　　　　　　　　　73EJT23：510

【校釋】

　　「駒」字何茂活（2014B，232 頁）認為是「驄」的省寫，該簡中應為人名。葛丹丹（2019，1635 頁）則釋作「驪」。今按，該字作![字形]形，和漢簡中「驪」字寫法似有不同。但據文意來看，「駒毋何」當為人名，「駒」則為姓氏，其為「驪」字亦有可能。暫從整理者釋。

【集注】

〔1〕駒望：隧名。

☑取	73EJT23：512
☑百一十	73EJT23：513

☑弓一、櫝丸一、箭五十☑　☑	73EJT23：530+514

【校釋】

　　姚磊（2016H4）綴，且認為未釋字為「△」符號。今按，補釋可從，未釋字圖版作![符號]形，當為一種符號，該符號其他簡中整理者釋作「△」。

河南郡☑	73EJT23：517
驛北亭長　□□☑	73EJT23：522
☑　以食□☑	73EJT23：527
☑辛卯四☑	73EJT23：529

廣漢〔1〕隧戍卒趙國邯鄲平阿〔2〕里公乘吳傳孺〔3〕（上）
三石具弩一，絲偉同幾郭軸辟〔4〕完　稾矢銅鍭五十，其卅二完、十八庳虜
弩循一完　蘭、蘭冠各一，負索〔5〕完（下）　　　　73EJT23：532+768

【校釋】

　　胡永鵬（2014A，242 頁）綴，綴合後補第一行「邯」字。第二行「虜」原作「雩」，黃艷萍、張再興（2018，215 頁）釋。該字作![字形]形，認為其上部是「虍」而非「雨」的說法可信。

【集注】

〔1〕廣漢：隧名。
〔2〕平阿：里名，屬邯鄲縣。

〔3〕吳傳孺：人名。

〔4〕絲偉同幾郭軸辟：「絲」當指絲弦；「偉」通「緯」，為捆束弩弦兩端的繫繩。
又《釋名·釋兵》曰：「弩，怒也，有勢怒也。其柄曰臂，似人臂也。鉤弦者
曰牙，似齒牙也。牙外曰郭，為牙之規郭也。下曰懸刀，其形然也。合名之曰
機，言如機之巧也。亦言如門戶之樞機開闔有節也。」則「幾」通「機」，為
弩機，指裝置在弩臂後部的機件，包扣鉤弦的牙，牙外的郭，郭上的瞄準器望
山，郭下的扳機懸刀等；「郭」為弩郭，指牙外面的框；「辟」通「臂」，為弩
臂。「軸」當也是弩的部件，但不知所指，待考。

〔5〕負索：背負簡的繩索。

☒八十步　九十步　☒	73EJT23：533
☒矢卅　ろ☒	73EJT23：538

☒□觻得延壽〔1〕里王珥〔2〕　☒	73EJT23：542+539

【校釋】

姚磊（2016H2）綴，綴合後補釋「里」字。

【集注】

〔1〕延壽：里名，屬觻得縣。

〔2〕王珥：人名。

☒赤色　☒	73EJT23：541
☒□日□帶壽☒	73EJT23：543
☒□□□□□☒	73EJT23：545
☒候史三☒	73EJT23：548
☒靳干三，其☒	73EJT23：549
☒糜二百六十☒	73EJT23：552
·右士吏候長十三人　☒	73EJT23：555
出賦錢千二百　☒	73EJT23：560

出麥十八石合□卩　居攝元年六月癸未〔1〕，置佐玄〔2〕付乘胡〔3〕隧長放〔4〕　☒	73EJT23：561+577

【校釋】

姚磊（2016H2）綴，綴合後補「置」字。

【集注】

〔1〕居攝元年六月癸未：肖從禮（2012A，74 頁）：作為穀物出入的實際記錄，可
以證明當時的肩水金關官吏已經在使用居攝年號了。從現有簡文來看，「元
始六年」年號中月份最晚亦為五月。

今按，其說當是。據徐錫祺（1997，1693 頁），居攝元年六月戊午朔，二
十六日癸未，即公曆公元 6 年 8 月 9 日。

〔2〕玄：人名，為置佐。

〔3〕乘胡：隧名。

〔4〕放：人名，為乘胡隧長。

廣地士吏陳廣□子小女負〔1〕，年五歲☑　　　　　　　　73EJT23：562

【校釋】

未釋字何茂活（2018A，117 頁）補釋作「平」。今按，該字作 █ 形，補釋可從，
但字迹磨滅，不能確知，暫從整理者釋。

【集注】

〔1〕負：人名。

☑主隧六所，負四百八十籌　　☑　　　　　　　　　　　73EJT23：565
☑奉用錢八十二萬三千二百　　☑　　　　　　　　　　　73EJT23：567

戍卒河東臨汾〔1〕□□里□孟竟□□，庸同郡□☑　　　73EJT23：568+846

【校釋】

「臨汾□」原作「郡臨汾」，胡永鵬（2014A，239 頁）釋。姚磊（2016H2）綴，
且釋「孟」前一字為「靳」，「竟」下一字為「廿」。今按，補釋或可從，但簡文磨滅，
字多不可辨識，當從整理者釋。

【集注】

〔1〕臨汾：鄭威（2015，231 頁）：《漢志》河東郡有臨汾縣，在今山西襄汾縣趙康
鎮趙康村東約 100 米處。

今按，說當是。臨汾為河東郡屬縣。

出粟四斗七升　　☑   73EJT23：571

☑　六月庚辰，莊宗〔1〕付范賞〔2〕　　☑   73EJT23：572

【集注】

〔1〕莊宗：人名。

〔2〕范賞：人名。

☑欽三月戊申徙補，盡晦積一月逋奉   73EJT23：574

☑傳馬食二斗三升　　☑   73EJT23：576

☑十二月戊辰出　　☑   73EJT23：582

☑　鷩米九斗五升，米斗五十凡   73EJT23：583

☑郡國十二　廿有三石☑   73EJT23：584

出粟六石　　囗　☑   73EJT23：588

☑囗昌里趙囗☑（削衣）   73EJT23：602

☑囗囗里呂段囗中☑   73EJT23：603

☑要虜〔1〕隧卒陳不識〔2〕正月食　　☑   73EJT23：605

【集注】

〔1〕要虜：隧名。

〔2〕陳不識：人名，為戍卒。或說不識即不知道名字。

河東戍卒第十六車，黑犗牛一頭，齒八歲　車父〔1〕囗囗囗☑

             73EJT23：608+673

【校釋】

  姚磊（2016H3）綴。

【集注】

〔1〕車父：陳直（2009，100 頁）：居延簡稱御車者為車父，此名不見於古籍，當
   與亭長以下之亭父相似。

    趙沛（1994，27 頁）：車父，即車夫，漢簡中常稱為「僦人」。處於邊郡
   地區防禦線上的烽燧，亭塞、郵城之間其大量的糧穀、軍糒、材料及日常用
   品，大多必需車輛來運輸，當時負責運輸的多由臨時僱傭的當地百姓來完成，
   即稱之「車父」或「僦人」。

張俊民（1996B，2 頁）：從車父的身份分析，我們又可將之分為兩種。一種是內地運物到邊塞的車父，另一種車父是戍卒的一部分，既是車父，又是戍卒……關於車父的名籍與管理，還給我們提供了這樣的一個信息，即車父是一種官方名詞，是由政府在一定程度、範圍和時間內控制的，並不是所有的趕車人都可以稱車父。

王子今（1996，296 頁）：「車父」既為「御車者」，又是以私車服事軍役的「卒」。居延漢簡所見「車父」，其出身，大致多來自關東諸郡國。

李均明（1997，108 頁）：漢代之兵員運輸，如戍卒應役戍邊，通常以十人為編組，配備一輛牛車前往……漢簡所見隨車戍卒，每十人中有一人任車夫，簡文稱「車父」。

李均明（1998A，98～102 頁）：「父」通「夫」，「車父」即「車夫」，趕車人……筆者認為，「車父」雖是趕車人，但不是專職運輸兵……「車父」簡所反映的主要是戍卒赴役、退役時行軍車輛編組的情形：車輛按戍卒原籍郡、縣次第編號，每車十人，其中一人為車父，車父亦可能是第十編組中的組長。赴役戍卒以車為單位的編組在抵達戍所後即解散，其成員按邊塞組織的需要重新分配。雖然「車父」及其車在邊塞服役期間有可能從事一些與運輸有關的勤務，但不能等同於專業運輸兵。

中國簡牘集成編輯委員會（2001G，66 頁）：即車夫，父通夫，直釋為趕車人。對車父身份有兩種意見：一種認為，車父即專門之運輸者；一種認為，車父同時也是卒。車父簡主要反映戍卒赴役、退役時行軍車輛編組的情形。每車十人，其中一人為車父，故車父亦有可能是十人編組中的為首者。

韓華（2014，378）：「車父」是兩漢西北邊塞專門從事運輸事宜的人員，由政府統一管理，「車父」有各自固定的號碼，每一號碼對應一人，並明確地記錄了來源地和所運送物品的清單。

今按，「車父」既不與亭父相似，也不是傶人或專職運輸兵。其當如李均明所說為戍卒赴役、退役時行軍車輛編組中的組長。

守左尉王順〔1〕，馬一匹，騧牝、齒十二歲、高☒　　　　　73EJT23：611

【集注】

〔1〕王順：人名，為守左尉。

☑　箭鑼〔1〕一　☑

☑　二十囗囗各一☑　　　　　　　　　　　　　　　73EJT23：615

【集注】

〔1〕箭鑼：義不明，待考。

車一兩

此家累山〔1〕里侯賢〔2〕

肩水（上）

載粟大石廿五石，就人文德〔3〕清陽〔4〕里楊賞〔5〕年卅　用牛二（下）

73EJT23：622

【校釋】

第二行「侯」原作「焦」，何茂活（2017B，218頁）釋。

【集注】

〔1〕累山：里名。

〔2〕侯賢：人名，為訾家。

〔3〕文德：羅振玉、王國維（1993，125頁）：文德，地名，不見《漢志》。據上簡，文德有大尹、有長史，則為邊郡矣（《續漢志》郡當邊戍者，丞為長史）。他簡舉西北邊郡，有文德、酒泉、張掖、武威、天水、隴西、西海、北地八郡，舉文德而無敦煌，故沙氏釋彼簡文德為王莽所改敦煌郡之初名，以此簡證之，沙說是也。此簡稱文德，為始建國元年事，至地皇元年一簡，則又稱敦德，與《漢志》合。然則，《漢志》所載，乃其再改之名也。

饒宗頤、李均明（1995B，170頁）：文德，新莽郡名，亦作縣名……敦德，新莽郡名，亦作縣名，即西漢之敦煌，新莽改制先稱「文德」，後再改為「敦德」，但作縣名時往往加「亭」字，以便與郡相區別……至遲始建國元年敦煌郡已改名文德，改名早於西北其他郡……至遲天鳳三年，文德已改名為敦德。

陳文豪（1998，95頁）：「文德」之名，係比附經義，師法孔子所云「故遠人不服，則修文德以來之」之意。「文德」之名的使用年限，為始建國元年至天鳳三年，約有八年之久。至於又將「文德」改為「敦德」，鄙意係受對周邊民族的矛盾政策及天鳳三年對西域戰爭的影響，使王莽改變主張，不再強調仁義禮樂政教來招撫西域諸國。因之，做為通往西域門戶的「文德」再度易名為「敦德」。

　　黃東洋、郭文玲（2013，134頁）：「敦煌」在居攝三年仍沿用舊名；至遲到始建國元年敦煌已改稱「文德」；而到始建國天鳳三年。「文德」已改稱「敦德」，至始建國地皇上戊元年仍用「敦德」之名。新莽銅虎符銘文表明，敦德郡的治所可能一度設在廣桓縣。與郡名改易相應，與郡同名的敦煌縣也同樣經歷了文德、敦德亭的二度改名，該縣所領之里可考的有五個：高昌里、利成里、安世里、東武里、平定里。

　　今按，諸說是。「文德」為新莽時期對敦煌的稱謂，既為郡名，又為縣名。該簡中「文德」當為縣名。

　　〔4〕清陽：里名。

　　〔5〕楊賞：人名。

馴望〔1〕隧長武生〔2〕　百廿　☒　　　　　　　73EJT23：627

【集注】

〔1〕馴望：隧名。

〔2〕武生：人名，為馴望隧長。

☒安漢〔1〕隧長馮邑☒　　　　　　　73EJT23：628

【集注】

〔1〕安漢：隧名。

　　　　　　　　　　　　牛☒

作者䍥得高縣〔1〕里王張〔2〕丿

　　　　　　　　　用☒　　　　　　　73EJT23：631

【集注】

〔1〕高縣：里名，屬䍥得縣。

〔2〕王張：人名。

廣地尉史汾慶〔1〕　送罷卒府　☒　　　　　73EJT23：635

【集注】

〔1〕汾慶：人名，為廣地尉史。

☑楊〔1〕安成〔2〕里延賢〔3〕　　☑　　　　　　　　73EJT23：636

【集注】

〔1〕楊：當為河東郡屬縣。《漢書・地理志上》：「楊，莽曰有年亭。」

〔2〕安成：里名，屬楊縣。

〔3〕延賢：人名。

☑□斗四升　　　　　　　　　　　　　　　　　　　73EJT23：638

☑弩一、矢十二、劍一　　∫　　　　　　　　　　　73EJT23：644

☑□隆　送弩府☑　　　　　　　　　　　　　　　73EJT23：645

☑牝、齒九歲

☑□□南亭長賞內　　　　　　　　　　　　　　　73EJT23：648

累山〔1〕里陳誼〔2〕，年十八☑　　　　　　　　　73EJT23：650

【集注】

〔1〕累山：里名。

〔2〕陳誼：人名。

☑　□月二十二日，南，嗇夫博〔1〕入　　　　　　73EJT23：653

【集注】

〔1〕博：人名，為嗇夫。

戍卒河東臨汾奇利〔1〕里許武〔2〕，年卅一　　ｊ　☑　　73EJT23：657

【集注】

〔1〕奇利：里名，屬臨汾縣。

〔2〕許武：人名，為戍卒。

　　　　　　　　　　　　　　用馬一匹☑

善居〔1〕里公士杜譚〔2〕，年六十六歲

　　　　　　　　　　　　　　輢車一乘☑　　　　73EJT23：660

【集注】

〔1〕善居：里名。

〔2〕杜譚：人名。

戍卒觻得廣昌〔1〕里虔富〔2〕，年廿五　乘望泉〔3〕隧□☑　　　73EJT23：661

【集注】

〔1〕廣昌：里名，屬觻得縣。

〔2〕虔富：人名，為戍卒。

〔3〕望泉：隧名。

出麥二石　金姦〔1〕隧☑　　　73EJT23：662

【集注】

〔1〕金姦：隧名。

☑□□

☑二百卌三　六百一十一　　　73EJT23：665

☑　居攝元年十月乙丑〔1〕，令史武〔2〕付槖佗殄虜〔3〕隧長孫猛〔4〕

73EJT23：667

【集注】

〔1〕居攝元年十月乙丑：據徐錫祺（1997，1694 頁），居攝元年十月丙辰朔，十日

乙丑，即公曆公元 6 年 11 月 19 日。

〔2〕武：人名，為令史。

〔3〕殄虜：隧名。

〔4〕孫猛：人名，為殄虜隧長。

　　　　　　妻大女君，年廿

☑□□□年廿六　　　　　　　∫七月丁未出　出

　　　　　　子小男客子，年一　　　73EJT23：670

☑以五月廿五日入　∫

☑　□□□　　　73EJT23：671

沙上〔1〕隧長審長〔2〕　送騰雞〔3〕詣府☑　　　73EJT23：672

【集注】

〔1〕沙上：隧名。

〔2〕審長：人名，為沙上隧長。

〔3〕臘雞：當為臘祭所用之雞。

大夫鄭眾〔1〕，年卅六，葆市北〔2〕里□☑　　　　　73EJT23：675

【集注】

〔1〕鄭眾：人名。

〔2〕市北：里名。

戍卒秋利〔1〕里闔□，黑□□一頭，齒七歲、黃□□一頭，齒九歲□□□

73EJT23：681

【集注】

〔1〕秋利：里名。

☑出錢千二百　△　給□☑　　　　　　　　　　73EJT23：684

・右八月所市　☑　　　　　　　　　　　　　73EJT23：685

梁國虞南昌〔1〕里公乘☑　　　　　　　　　　73EJT23：690

【集注】

〔1〕南昌：里名，屬虞县。

☑……　二月乙丑入　卩　　　　　　　　　　73EJT23：693

☑錢六百　給執適〔1〕隧長王猛〔2〕六月奉☑　　73EJT23：697

【集注】

〔1〕執適：隧名。

〔2〕王猛：人名，為執適隧長。

☑長國況　十一月食　　　　　　　　　　　　73EJT23：698

☑　六月己亥南入　☑　　　　　　　　　　　73EJT23：699

☑聑二年十月食　　　　　　　　　　　　　　73EJT23：703

・右卒四人　　　　　　　　　　　　　　　　73EJT23：706

入四年十二月盡五年二月司御錢〔1〕三千　受居延　　　　　73EJT23：707

【集注】

〔1〕司御錢：中國簡牘集成編輯委員會（2001D，155 頁）：專門用於運輸的錢。

今按，其說恐非。司御錢為司御的薪俸。

☑輶車加驪騮牝、齒七歲　☑　　　　　　　　　　　　　73EJT23：712

　　　　　　　廣☐☑
☑☐王堯〔1〕　長丈☑
　　　　　　　深五☑　　　　　　　　　　　　　　　　3EJT23：713

【集注】

〔1〕王堯：人名。

小白刀　☑　　　　　　　　　　　　　　　　　　　73EJT23：715

☑出錢四百　☐傳馬一匹　☑　　　　　　　　　　　　73EJT23：719

☑負十六　負十四　☑　　　　　　　　　　　　　　　73EJT23：720

⋯⋯　　　　　　　　　　　　　　　　　　　73EJT23：990A+721

⋯⋯　　　　　　　　　　　　　　　　　　　73EJT23：990B

【校釋】

姚磊（2016H4）、（2018E，21 頁）綴。又原簡 73EJT23：721 中整理者釋有「已五百」三字，姚磊（2016H4）、（2018E，21 頁）認為識別困難，有可能是習字簡，當存疑待考。

訾家☐☐☐☑　　　　　　　　　　　　　　　　　　73EJT23：722

　　　☐城仲卿ノ　　　水門〔1〕王卿ノ
☐部　當井〔2〕張卿ノ　　壞野〔3〕田卿ノ
　　　直隧〔4〕張卿ノ　　候史王卿ノ　　　　　　　　73EJT23：726

【校釋】

第二行「部」前未釋字郭偉濤（2018A，60 頁）、（2019，49 頁）補釋「西」字，何茂活（2018A，119 頁）認為是「南」字。今按，諸說或是，但該簡右上

部殘斷，「部」前一字僅存左部少許筆畫，不能確知，暫從整理者釋。又第一行「城」前一字何茂活認為是「望」。今按，其說當是，但該字大部分缺佚，暫從整理者釋。

【集注】

〔1〕水門：隧名。

〔2〕當井：隧名。

〔3〕壙野：隧名。

〔4〕直隧：黃艷萍（2016，120頁）：其中「水門燧」「當井燧」為「肩水候官」，故此簡應為肩水候官下的某部，故「壙野燧」「直燧」亦屬肩水候官。

今按，其說當是。直隧或為隧名。

……囗月盡二月七日錢千四百六十　　　☒

……盡五月錢千二百　　☒　　　　　　　　　　　73EJT23：728A

……☒

……☒　　　　　　　　　　　　　　　　　　　73EJT23：728B

【校釋】

A面第一行「月」前葛丹丹（2019，1591頁）補釋「十二」。今按，補釋或是，但圖版字迹磨滅，不能確知。

☒　　六月癸亥出　　　　　　　　　　　　　　　73EJT23：730

☒　　　　　　　　　出卅送王柱〔1〕

☒出六十償大公買囗　　出卅蔡趙氏　　　餘錢千六百卅四

☒百一十　　　　　　出六十送宋敵〔2〕　　　　　73EJT23：733A

☒囗以償張勝〔3〕　　出五十七勞令史杜卿　　　　73EJT23：733B

【集注】

〔1〕王柱：人名。

〔2〕宋敵：人名。

〔3〕張勝：人名。

昭武騎士富里〔1〕徐習〔2〕　　☑　　　　　　　　　73EJT23：735

【集注】

〔1〕富里：里名，屬昭武縣。

〔2〕徐習：人名，為騎士。

　　　　　　　　　　　　　　　　方箱車☑

奉明善居〔1〕里男子侯詡〔2〕，年卅

　　　　　　　　　　　　　　　　用馬一☑　　　　73EJT23：746

【集注】

〔1〕善居：里名，屬奉明縣。

〔2〕侯詡：人名。

☑用穀八石　　☑　　　　　　　　　　　　　　　73EJT23：748

☑□五十以下，欲為戍庸☑　　　　　　　　　　　73EJT23：749

☑給候史李朝〔1〕二年二月壬☑　　　　　　　　　73EJT23：750

【集注】

〔1〕李朝：人名，為候史。

☑船簿一　　　　　　　　　　　　　　　　　　　73EJT23：758

【校釋】

　「船」字原未釋，何茂活（2018A，120頁）釋。

☑□負□□作□卅五　　　　　　　　　　　　　　73EJT23：759

　　　　　　　　　　　卒王臨〔2〕二月壬寅病

執胡〔1〕隧長田□二月乙丑病　　卒□惲炅

　　　　　　　　　　　賦藥各五齋（上）

居延蓬堅卑一尺，戶更西鄉　　汲垂少一

蘭入表堅卑小　　　　　　　駑皆不□持

亡人赤表堅單，垣不齊壹〔3〕

狗少一　　　　　　　　　園韭五畦（下）　　　73EJT23：765

【校釋】

上欄第三行「齋」林獻忠（2014）、（2016，134 頁）認為應釋「齊」。今按，該字圖版作 ⬛ 形，為「齋」字無疑，不當釋「齊」。「齋」通「劑」。下欄第三行「壹」字原作「壺」，該字圖版作 ⬛ 形，當釋「壹」。

【集注】

〔1〕執胡：隧名。

〔2〕王臨：人名，為戍卒。

〔3〕齊壹：齊壹即整齊劃一。

☑□國寧平〔1〕第一車　　　　　　　　　　　　　　　73EJT23：766

【集注】

〔1〕寧平：即甯平，淮陽國屬縣。

王子文〔1〕治劍二百五十，脯一膄〔2〕，直卅□錢六十・凡三百五十
惠中叔〔3〕七十五又十二・凡八十七　　　　　　　　73EJT23：769A
前受麥得七石四斗　受受麥六石六斗
右受要虜〔4〕三斗　受受禁姦〔5〕三斗　　　　　　　73EJT23：769B

【集注】

〔1〕王子文：人名。

〔2〕膄：張再興、黃艷萍（2017，75 頁）：「膄」應該就是「塊」的換符語境異體
　　字。
　　　　　今按，其說是。「膄」當通「塊」。

〔3〕惠中叔：人名。

〔4〕要虜：隧名。

〔5〕禁姦：隧名。

觻得安定〔1〕里蓋漢光〔2〕，年廿五　大車一兩　牛一、劍一、弩一、矢十二
　　　　　　　　　　　　　　　　　　　　　　　　　73EJT23：773

【集注】

〔1〕安定：里名，屬觻得縣。

〔2〕蓋漢光：人名。

觻得成漢〔1〕里孫延壽〔2〕　牛車一兩　弓　劍一、大刀一　正月庚☑

73EJT23：774

【集注】

〔1〕成漢：里名，屬觻得縣。

〔2〕孫延壽：人名。

卅井士吏居延龍起〔1〕里公乘樊德〔2〕，年卅五　軺車一乘、馬一匹　七月甲
子入　　　　　　　　　　　　　　　　　　　　73EJT23：775

【集注】

〔1〕龍起：里名，屬居延縣。

〔2〕樊德：人名，為卅井士吏。

夷胡〔1〕隧長夏侯慶〔2〕召詣廷　五月乙亥日餔坐入　　　73EJT23：776

【集注】

〔1〕夷胡：隧名。

〔2〕夏侯慶：人名，為夷胡隧長。

夷胡〔1〕隧長司馬章〔2〕兼直隧留□□□□□將詣廷　五月庚戌日出入

73EJT23：777

【集注】

〔1〕夷胡：隧名。

〔2〕司馬章：人名，為夷胡隧長。

昭武騎士益廣〔1〕里王隆〔2〕　卩　　　　　　　　　73EJT23：778

【集注】

〔1〕益廣：里名。

〔2〕王隆：人名，為騎士。

・右伍長〔1〕　　　　　　　　　　　　　　　　　　73EJT23：779

【集注】

〔1〕伍長：黃今言（1993，232 頁）：什伍為軍隊的最基本編制單位，分什、伍二
　　　級，其頭目分別為什長、伍長。

　　　　　今按，說是。《漢書·韓延壽傳》：「又置正、五長，相率以孝弟，不得舍
　　　姦人。」顏師古注：「正若今之鄉正、里正也。五長，同伍之中置一人為長
　　　也。」

塢上偃戶〔1〕不利　　ㄅ　　　　　　　　　　　　　73EJT23：780

【集注】

〔1〕偃戶：薛英群、何雙全、李永良（1988，94 頁）：指塢上隱蔽的小門。《莊子·
　　　庚桑楚》：「又適其偃焉。」注：「偃，謂屏廁。」指偏旁隱蔽的地方。

　　　　　今按，其說或是。

曹游君〔1〕二千四百　　常偉君〔2〕千三百

張伯〔3〕二千六百　　　李子房〔4〕四千五百五十　　　73EJT23：783

【集注】

〔1〕曹游君：人名。

〔2〕常偉君：人名。

〔3〕張伯：人名。

〔4〕李子房：人名。

田卒魏郡內黃西好駕〔1〕里郎王九〔2〕，年廿七　　ʃ　　　73EJT23：790

【集注】

〔1〕西好駕：當為里名，屬內黃縣。

〔2〕郎王九：人名，為田卒。

張掖居延□□□□□年廿八……　　　　　　　　　　73EJT23：791

□□□□……□□□□……年卅六七、長七尺五寸、中壯大刑面鼻黑

　　　　　　　　　　　　　　　　　　　　　　　73EJT23：795

☑錢二千　　☑　　　　　　　　　　　　　　　　73EJT23：800

　　　　　　毋尊布二匹，直七百八十　　八月辛卯受高卿　　☑
出錢七百八十
　　　　　　毋尊布一匹，直四百☑　　☑　　　　　　　73EJT23：805
☑□□□□□☑
☑□馬一匹，騮牡、齒☑　　　　　　　　　　　　　　　73EJT23：806
☑用牛二　六月己酉入　六月丙辰出　　　　　　　　　73EJT23：809

就居延平里〔1〕梁並〔2〕，年卅，入　大車☑　　　　　73EJT23：810

【校釋】

　　「入」字李穎梅（2018，112頁）釋作「八」。今按，釋「八」非，「入大車」
三字與同簡其餘文字字體筆迹不同，當為後書，「入」和「出」相對，是收入、納入
的意思。

【集注】

〔1〕平里：里名，屬居延縣。

〔2〕梁並：人名。

☑　　給廣漢〔1〕隧長宋長☑　　　　　　　　　　　　73EJT23：815

【校釋】

　　簡末「長」字原未釋，姚磊（2017C2）、何茂活（2018A，120頁）補釋。

【集注】

〔1〕廣漢：隧名。

☑　　馬一匹　　☑　　　　　　　　　　　　　　　　　73EJT23：816

☑里大女呂貞〔1〕，年廿六歲、黑色、牛車二兩・子小女□☑　73EJT23：818

【校釋】

　　姚磊（2017F5）綴合簡73EJT24：333和該簡。今按，兩簡屬不同探方出土，
字體筆迹有差異，茬口不能完全密合，暫存疑。

【集注】

〔1〕呂貞：人名。

出賦錢六百　給候史楊況☒　　　　　　　　　　73EJT23：819

☒□□　嬰三石，直卅　　☒　　　　　　　　73EJT23：820

☒　　丿七月丁未出　出　　　　　　　　　　73EJT23：822

【校釋】

　　「丿七」原作「十」，姚磊（2017I1）釋。

安世〔1〕隧長孫長賢〔2〕　　☒　　　　　　　73EJT23：826

【集注】

　〔1〕安世：隧名。

　〔2〕孫長賢：人名，為隧長。

鬼新趙齊〔1〕　　☒　　　　　　　　　　　　73EJT23：827

【集注】

　〔1〕趙齊：人名，為鬼薪。

☒□　　劍一　　丨　　　　　　　　　　　　73EJT23：830

☒戍卒□□里……牛一頭，齒八歲，第十二車 ∫　73EJT23：833

☒□縣北成〔1〕里趙遂☒　　　　　　　　　　73EJT23：839

【集注】

　〔1〕北成：里名。

☒□　　田由丿　　☒　　　　　　　　　　　73EJT23：842A

☒楊彭　　☒　　　　　　　　　　　　　　　73EJT23：842B

陰□陵里黃恭〔1〕　　☒　　　　　　　　　　73EJT23：844

【集注】

　〔1〕黃恭：人名。

出錢百　　☒　　　　　　　　　　　　　　　73EJT23：845

☑□泉隧長昭武平都☑　　　　　　　　　　　　　73EJT23：847

【校釋】

「都」原未釋，姚磊（2017D3）、何茂活（2018A，120 頁）補釋。又簡首未釋字何茂活（2018A，120 頁）認為是「望」。今按，其說當是，但該字殘斷，僅存一點筆畫，當從整理者釋。

☑尉君前　□□七日，北出，從者觻得敬老〔1〕里☑　　73EJT23：858

【集注】

〔1〕敬老：里名，屬觻得縣。

銖臾半☑

……☑　　　　　　　　　　　　　　　　　　　　73EJT23：859

保河內〔1〕曲陽〔2〕里孫明〔3〕，年七十、長七尺五寸　　☑　73EJT23：867

【校釋】

「明」字原作「朋」，黃艷萍（2016B，136 頁）、（2018，139 頁）釋。

【集注】

〔1〕河內：黃浩波（2013C）：懷，莽曰河內。

　　　　胡永鵬（2016A，637 頁）：屬於「郡名+里名」的情況，均為西漢簡。

　　　　今按，該簡「河內」似當如胡永鵬所言為郡名。參簡 73EJT1：114「河內」集注。

〔2〕曲陽：里名。

〔3〕孫明：人名。

☑葆同縣□里□上時　　　　　　　　　　　　　　73EJT23：870

☑一匹　　　　　　　　　　　　　　　　　　　　73EJT23：872

　　　　傳車三乘，尊并……具□馬六匹□東

都倉還今詣

　　　　望隧，會月廿六日　　　　　　　　　　　73EJT23：876

·肩水候官廣谷〔1〕隧居攝二年兵簿　　　　　　73EJT23：884

【校釋】

「谷」字原未釋，郭偉濤（2018A，51頁）、（2019，40頁），何茂活（2018A，121頁）補釋。

【集注】

〔1〕廣谷：隧名。

校肩水部移元年十月盡十二月四時・凡出糜五百六石二升，校中，實得四百六石二升□𡩋　　　　　　　　　　　　　　　　　73EJT23：887

出粟五石，直六百　元始六年二月乙酉〔1〕，嗇夫常〔2〕付□□□隧……
　　　　　　　　　　　　　　　　　　　　　　　　　73EJT23：893

【校釋】

「常付」原未釋，胡永鵬（2013）、（2014A，240頁）補釋。

【集注】

〔1〕元始六年二月乙酉：元始，漢平帝劉衎年號。元始六年即居攝元年，據徐錫祺（1997，1693頁），居攝元年二月庚申朔，二十六日乙酉，為公曆公元6年4月13日。

〔2〕常：人名，為嗇夫。

　　　　　　居延丞印　革車一乘，用馬一匹，驪牝、齒十二歲、高六尺
居延令史王元〔1〕
　　　　　　　　十月癸丑，南，嗇夫□入　　　　　73EJT23：905

【集注】

〔1〕王元：人名，為居延令史。

出粟二石　稟東部守候長陳馮〔1〕九月食　　　　73EJT23：906A
十月一日從王君長〔2〕取毋尊布一匹，直百□□二百六十，少二百□
　　　　　　　　　　　　　　　　　　　　　　　73EJT23：906B

【校釋】

「稟」原作「廪」，黃艷萍（2016B，123頁）、（2018，136頁）釋。

【集注】

〔1〕陳馮：人名，為東部守候長。

〔2〕王君長：人名。

出麥二石　稟馴望〔1〕隧卒張立〔2〕十一月食　　　　　　　73EJT23：912

【校釋】

「稟」原作「廩」，黃艷萍（2016B，123 頁）、（2018，136 頁）釋。

【集注】

〔1〕馴望：隧名。

〔2〕張立：人名，為戍卒。

田卒上黨郡涅〔1〕蒲里〔2〕不更童豹〔3〕，年廿五　　☑　　　73EJT23：920

【集注】

〔1〕涅：孫兆華（2014A，73 頁）、（2014B，120 頁）：疑涅即《漢書·地理志》涅氏。

　　　馬孟龍（2014，89 頁）：《漢志》上黨郡載有「涅氏」，而《續漢書·郡國志》記作「涅」。對於《漢志》與《續漢書·郡國志》之間的差異，王先謙曾有較為細緻的考辨：此涅縣，非涅氏縣。「氏」字連下「涅水也」為句。此班自注，以釋名縣之意。顏注正為班注作解。《濁漳水注》「縣氏涅水也」五字即用《漢志》原文。如果前漢「涅氏」，後漢改「涅」，道元必分析言之，而注中單稱涅縣，並無「涅氏」之文，則前漢亦是涅縣甚明。此淺人不曉文意，見郡中泫氏、猗氏諸縣名，以為涅氏亦同斯例，妄進「氏」為大字，率爾改刊，不知「涅水也」三字，班《志》中無此淺易文法，而地說家相承不悟，何也？王先謙考辨精詳，所言有理。《中國歷史地圖集》即依照王先謙的考證結論，在西漢上黨郡地圖上標繪「涅縣」。不過，王先謙畢竟是依照情理校改，還缺乏有力的實物證據。現在肩水金關 73EJT23：920 簡的公佈，為王先謙的說法提供了有力的出土文獻支持，今本《地理志》「涅氏」的寫法，乃正文、注文錯亂的結果，「氏」字仍當改為小字，恢復為注文。其實，早在肩水金關漢簡公佈以前，「涅」的寫法已見於出土文獻之中。張家山漢簡《二年律令·秩律》（以下簡稱「《秩律》」）簡 455 見有「涅」，即《漢志》上黨郡涅氏。但《秩律》「涅」對於校改今本《漢志》文字錯亂的文獻學價值並沒有得到學界充分

重視。《秩律》抄寫於漢高后元年（前 187）五月左右，肩水金關漢簡記載的資訊則以漢昭帝至漢哀帝時期為主。兩份分別抄寫於西漢早期、晚期的出土文獻，確定無疑地表明「涅」是西漢上黨郡轄縣的正確書寫形式。

今按，其說是。涅縣為上黨郡屬縣。《漢書・地理志》作「涅氏」有誤。

〔2〕蒲里：里名，屬涅縣。

〔3〕童豹：人名，為田卒。

戍卒趙國易陽南實里王遂〔1〕　　▨　　　　　　　　　　73EJT23：921

【校釋】

「實」字作▨形，從字形來看，當非「實」。該字漢簡中屢見，基本用作人名，有過多種釋法，如「賨」「賨」「賽」「寶」等。由於其一般作人名用，且漢簡中人名用字常見有寫法獨特者，因此尚難以斷定此字究竟為何字。就字形看，其更近於「賽」字。存疑待考。

【集注】

〔1〕王遂：人名，為戍卒。

田卒上黨郡壺關〔1〕東陽〔2〕里不更莊耐〔3〕，年廿五　　▨　　73EJT23：922

【集注】

〔1〕壺關：上黨郡屬縣。

〔2〕東陽：里名，屬壺關縣。

〔3〕莊耐：人名，為田卒。

京兆尹長安雀昌〔1〕里公乘張從〔2〕，年廿四　　▨　　　　73EJT23：923

【集注】

〔1〕雀昌：里名，屬長安縣。

〔2〕張從：人名。

觻得千秋〔1〕里大男曹盼〔2〕，年五十八　牛車一兩□▨　　73EJT23：924

【集注】

〔1〕千秋：里名，屬觻得縣。

〔2〕曹盼：人名。

☑□年卅五、長七尺五寸、黑色，十一月戊子☑　　　　　73EJT23：926

七月奉六百，候長實取，已。出錢二百二十四，皁錢，已

　　　　　　　　　　　　　　　　　　　計長　　☑

八月奉六百，上功〔1〕計，已（竹簡）　　　　　　　73EJT23：928

【校釋】

　　第一行「實」字圖版作 形，或可為「賓」字。

【集注】

〔1〕上功：裘錫圭（1980，21 頁）：大概當時的官吏每隔一段時間就要向上級機關
　　登記自己的服役時日等情況，叫做上功。

　　　　中國簡牘集成編輯委員會（2001D，225 頁）：功、勞是漢代計算吏政績的
　　標準，一功為四年，勞則以日計。上功，即報功。

　　　　今按，諸說是。上功當指上報功勞。

故鰈得假佐守澤中〔1〕亭長，六月丙辰除☑　　　　　73EJT23：932

【集注】

〔1〕澤中：亭名。

☑□輔　賣襲一領，賈錢六百　要虜〔1〕隧長□☑　　73EJT23：934

【校釋】

　　簡首未釋字張文建（2017F）認為是「任」右部之「壬」的草寫。今按，該字左
部殘損，從剩餘筆畫來看，似非「壬」字。

【集注】

〔1〕要虜：隧名。

☑□寸、黑色　軺車一乘、馬☑　　　　　　　　　　73EJT23：935
☑□九斗　負嗇夫三斗麥　☑　　　　　　　　　　　73EJT23：936
☑一匹△　劍一　弩一、矢五十　　　　　　　　　　73EJT23：937

田卒梁國蒙市陰〔1〕里季豎〔2〕，年廿四　　☑　　73EJT23：939+1031

【校釋】

姚磊（2016H4）綴。

【集注】

〔1〕市陰：里名，屬蒙縣。

〔2〕季豎：人名，為田卒。

☑李莊〔1〕，年十六歲、長六尺、黑色　　☑　　　　　　　73EJT23：940

【集注】

〔1〕李莊：人名。

☑□處里公乘杜□，年廿五　用馬　☑　　　　　　　　73EJT23：942

☑受張忠〔1〕四百七十

☑□□□□□□□　　　　　　　　　　　　　　　　　　73EJT23：944

【集注】

〔1〕張忠：人名。

☑……□月盡□月積五月奉（上）

神爵元年七月庚戌朔壬申〔1〕，嗇夫久〔2〕付廣☑

自取　☑（下）　　　　　　　　　　　　　　　　　73EJT23：952

【集注】

〔1〕神爵元年七月庚戌朔壬申：神爵，漢宣帝劉詢年號。據徐錫祺（1997，1562頁），
　　　神爵元年七月庚戌朔，二十三日壬申，為公曆公元前61年9月13日。

〔2〕嗇夫久：居延漢簡183·15B有「金關嗇夫久」。郭偉濤（2017A，246頁）認
　　　為兩者或為同一人。

　　　　今按，其說當是。久為關嗇夫名。

·右隧長名　　　　　　　　　　　　　　　　　　　　73EJT23：961A

從……　　　　　　　　　　　　　　　　　　　　　73EJT23：961B

☑長七尺七寸、黃色　輎車一乘、馬一匹　☑　　　　　73EJT23：962

☑□大奴右〔1〕，年廿六歲、長七尺五寸、黑色　馬一匹　　　　73EJT23：968

【集注】

〔1〕右：人名。

受降〔1〕卒富里〔2〕宋鉗〔3〕（上）

齎官練襲〔4〕一令，直千，氵尞涫平旦周稚君〔5〕所，稚君舍在會水候官入東門

得術西入酒泉，東部候

史不審里孫中卿〔6〕妻秋〔7〕任　畢（下）　　　　73EJT23：969

【集注】

〔1〕受降：隧燧名。

〔2〕富里：里名。

〔3〕宋鉗：人名，為戍卒。

〔4〕練襲：中國簡牘集成編輯委員會（2001D，229頁）：練，《說文》「練，繒也」。
襲，衣服名，或曰單衣，或曰複衣。又單複衣一套為襲。此指複衣。
今按，其說是。練襲即繒襲。

〔5〕周稚君：人名。

〔6〕孫中卿：人名，當為東部候史。

〔7〕秋：人名，為孫中卿妻子。

居延始至〔1〕里宋毋害〔2〕　　牛車一兩　弩一、矢十八、劍一卩

73EJT23：970

【集注】

〔1〕始至：里名，屬居延縣。

〔2〕宋毋害：人名。

居延佐富里〔1〕張廣地〔2〕，年廿五、長七尺五寸、黑色　馬一匹　　弓一、矢

卅　△　　　　　　　　　　　　　　　　　　　　73EJT23：971

【集注】

〔1〕佐富里：孫兆華（2014A，76頁）、（2014B，121頁）：單印飛告知，居延佐富
里，是「身份+里」的格式。
今按，說是。富里為里名，屬居延。

〔2〕張廣地：人名，為佐。

居延令史富里〔1〕公乘曹延年〔2〕，年卅五、長七尺五寸、黑色　軺車一乘、
馬一匹　　☑　　　　　　　　　　　　　　　　　　　　73EJT23：973

【集注】

〔1〕富里：里名，屬居延縣。

〔2〕曹延年：人名，為令史。

河南郡雒陽長年〔1〕里左驦〔2〕，年卅三　步　七月乙亥入　　　73EJT23：974

【校釋】

　　「驦」字何茂活（2014B，232頁）認為是「羈」（也作「羈」）的異寫。今按，
其說當是。

【集注】

〔1〕長年：里名，屬雒陽縣。

〔2〕左驦：人名。

年廿五

萬年〔1〕里任廣漢〔2〕大奴據〔3〕

墨色（上）

練襲一領、白布單衣　革履一兩

車牛一兩　　　　　　　　　　　　　　　　　　・右伍長　卩

一領、布絑一兩（下）　　　　　　　　73EJT23：975

【校釋】

　　下欄第三行「絑」原作「絑」，何茂活（2014B，235頁）釋。

【集注】

〔1〕萬年：里名。

〔2〕任廣漢：人名。

〔3〕據：人名，為大奴。

廣地受延〔1〕隧長徐壽光〔2〕妻氏池富昌〔3〕里徐公君〔4〕，年廿八、黑色　子
小男賀〔5〕，年三歲　牛車一兩　　　　　　　　　　　　　73EJT23：977

　【集注】

　〔1〕受延：隧名。

　〔2〕徐壽光：人名，為受延隧長。

　〔3〕富昌：里名。

　〔4〕徐公君：人名，為徐壽光妻子。

　〔5〕賀：人名，為徐壽光兒子。

二月乙未，卒十九人（上）
其二人養
一人守葦
定作十六人，就車二兩，載新葦百六十束，率人十束，起酒泉五渠〔1〕隧到上
辟，往來五十里，莫宿⊿（下）　　　　　　　　　73EJT23：979+1017

　【集注】

　〔1〕五渠：隧名。

江卿少三　　趙卿少一・毛卿少二　　凡少□　　　　　　73EJT23：981

⊿里大夫利樂宗〔1〕，年廿三、長七尺五寸、黑色　弓一、矢五十
　　　　　　　　　　　　　　　　　　　　　　　　　73EJT23：982

　【集注】

　〔1〕利樂宗：人名。

布六尺五寸，直七十五　　出錢二百五十九
枲四斤，直七十　　　　　出錢卅六就錢
□一升四錢　　　　　　　凡出二百九十五　　　　73EJT23：985
⊿百廿五　已　　　　　　　　　　　　　　　　73EJT23：986
……
⊿□人付南部⊿　　　　　　　　　　　　　　　73EJT23：997

　　　　　黍二石，在□君所

□錢百　酒

　　　　……　　　　　　　　　　　　　　　　　73EJT23：1002

茂陵壽成上〔1〕里董葉〔2〕，年十九、長……大車一兩　　73EJT23：1005

【集注】

〔1〕壽成上：當為里名，屬茂陵縣。

〔2〕董葉：人名。

□……用牛四頭　　　　　　　　　　　　　　　　73EJT23：1008

出粟六石，直七百廿　元始六年二月，廚嗇夫□　　73EJT23：1012

觻得富貴〔1〕里趙嬰齊〔2〕　　□　　　　　　　73EJT23：1015

【集注】

〔1〕富貴：里名，屬觻得縣。

〔2〕趙嬰齊：人名。

肩水候官主關隧長公乘郭充〔1〕，中勞一歲六月七，能書會計治官民，頗知□
　　　　　　　　　　　　　　　　　73EJT23：1023+1016

【校釋】

　　姚磊（2016H4）綴，綴合後補「中」字。「充」原作「克」，白軍鵬（2020，241頁）釋。

【集注】

〔1〕郭充：人名，為隧長。

□兩，弩一、矢五十　刀　　　　　　　　　　　　73EJT23：1019

出錢百　買葦□　　　　　　　　　　　　　　　　73EJT23：1020

　　　　　　五石具弩一，完　蚕矢□

□□隧卒□□□□□　弩幡一□　　　蘭□　　　　73EJT23：1024

居延沙陰〔1〕里李奴〔2〕，年卅、長七尺五寸、黑□　73EJT23：1027

【集注】

〔1〕沙陰：里名，屬居延縣。

〔2〕李奴：人名。

☑　車一兩，麥粟五十石☑	73EJT23：1028
☑可三百里	73EJT23：1029
出錢十九萬伍千一百廿，給吏奉　　☑	73EJT23：1032
☑以下七十九人	73EJT23：1034
☑□　完　☑	73EJT23：1035
☑出稟賣都倉以糴☑	73EJT23：1037

【校釋】

「稟」原作「廩」，黃艷萍（2016B，123 頁）、（2018，136 頁）釋。

　　　　　鎧甲、鞻瞀各三

☑鎧、鍉瞀各一　革甲、鞻各四

☑長矛二　　　　　幡三	73EJT23：1040
☑信二月食	73EJT23：1043
☑△　└未得九月奉☑	73EJT23：1044
☑一乘、馬一匹，弩一、矢五十☑	73EJT23：1045

居延游徼千秋〔1〕里公乘霸憙〔2〕，年廿五、長七尺二寸、黑色　　☑

　　　　　　　　　　　　　　　　　　　　73EJT23：1049

【集注】

〔1〕千秋：里名，屬居延縣。

〔2〕霸憙：人名，為游徼。

☑騎守小	73EJT23：1052
☑□左里公乘辛☑	73EJT23：1053
☑□時壽里□□伯所☑	73EJT23：1057
戍卒趙國易陽壽☑	73EJT23：1058
□□□年五十歲、長七尺八寸、為人黃色□☑	

□□□□小股　　☑　　　　　　　　　　　　　　73EJT23：1063

☑□□□三□　　・寂卅石折□☑　　　　　　　73EJT23：1064A

☑　秋□卒孫長〔1〕　　☑

☑　勇士〔2〕卒翟並〔3〕　　☑　　　　　　　73EJT23：1064B

【校釋】

　　A面「寂」原作「取」，寂即最。

【集注】

〔1〕孫長：人名，為戍卒。

〔2〕勇士：當為隧名。

〔3〕翟並：人名，為戍卒。

☑□里王奉光〔1〕　　　　　　　　　　　　　73EJT23：1068

【集注】

〔1〕王奉光：人名。

☑卒十　刀　☑　　　　　　　　　　　　　　　73EJT23：1070

☑ϡ☑　　　　　　　　　　　　　　　　　　　73EJT23：1071

☑□　△☑　　　　　　　　　　　　　　　　　73EJT23：1072

☑　大車一兩☑

☑　弩一、矢☑　　　　　　　　　　　　　　　73EJT23：1073

肩水金關 T24

　　　　　　　　　　其四百八石、石卅八

出錢二萬七千八十四，以糴粟成入　　　　　　……

　　　　　　　　　　百五十石、石五十　　　73EJT24：3

內十二　　東面十一　西面十三

南面廿四　北面十六　□□十二　　　　　　　73EJT24：4

・巍氏射得負□品　　　　　　　　　　　　　73EJT24：5

【校釋】

　　「巍」原作「魏」，黃艷萍（2016B，128頁）、（2018，137頁）釋。

出錢十，八月七日米　　　出錢⋯⋯十一月十日□

　　　　　　　　　　　　　　　　　⋯⋯二月⋯⋯

出錢卅，君成買絮一枚　出錢⋯⋯　　　　　　　　　　73EJT24：6A

⋯⋯

出錢六十，十月廿六日和傷汗　出錢⋯⋯

出四百八十，買絮　　　　　　出錢⋯⋯　　　　　　　73EJT24：6B

【校釋】

　　　B面第二行「六十十」原作「六十二」，「二」字圖版作 ⟋ 形，當是重文符號。何茂活（2018A，121頁）亦認為原作「二」的字是重文符號。

·肩水候官居聑三年四月盡六月磑﹝1﹞四時出入簿　肩水候官居聑三年四月盡六月鹽四時　　　　　　　　　　　　　　　　　　　　　　　　73EJT24：7

【集注】

﹝1﹞磑：初師賓（1984A，157頁）：居延邊塞戍所裝備之磨磑，漢簡僅例（4）一見，時代已遲至東漢和帝，但每隧皆配置一合，可能是加工軍糒的工具。東漢時期石磑，漢代遺址屢有出土，形狀略同今小石磨，上下兩扇，上扇頂部隆起有凹槽，可裝轉柄。

　　　今按，說是，其所謂例（4）即居延漢簡128‧1簡。磑為石磨。《急就篇》：「碓磑扇隤舂簸揚。」顏師古注：「磑，所以磨也；亦謂之磢。」

故駁﹝1﹞亭長田褒﹝2﹞　　從候詣府　卩☒　　　　　　　73EJT24：13

【校釋】

　　　「褒」字原作「裒」，該字金關漢簡中大多釋「褒」，據改。

【集注】

﹝1﹞故駁：亭名。

﹝2﹞田褒：人名，為亭長。

安陵﹝1﹞壽陵﹝2﹞里張閎﹝3﹞、字子威，粟一石　直四百　在□□□里□西二舍北入（竹簡）　　　　　　　　　　　　　　　　73EJT24：16

【集注】

﹝1﹞安陵：右扶風屬縣。《漢書‧地理志上》：「安陵，武帝置。莽曰嘉平。」

〔2〕壽陵：里名，屬安陵縣。

〔3〕張閎：人名。

戍卒淮陽郡長平西原〔1〕里上造鄭陽〔2〕，年卅　　　　　73EJT24：21

【集注】

〔1〕西原：里名，屬長平縣。

〔2〕鄭陽：人名，為戍卒。

……九斗又一石一斗□□　酒泉大守官□□□　　　　　73EJT24：30

【校釋】

　　　　未釋字中起首二字何茂活（2015C，183頁）補釋「米槀」。今按，補釋或可從，但該簡右半殘斷，所釋文字僅存左半部分，不能確知，當從整理者釋。

·右第卅五車　廿人　正月辛巳　　　　　　　　　73EJT24：33

……

　　　　　　　　佐甲〔1〕受燕國〔2〕前銯〔3〕里趙仁〔4〕　　**弓**
入粟小石七百五十石（上）
與此〔5〕二萬三千八百
五十二石六斗四（下）　　　　　　　　　　　　　73EJT24：38

【集注】

〔1〕佐甲：「甲」似為人名，為佐。

〔2〕燕國：周振鶴（2017，68頁）：高帝五年臧荼、盧綰相繼王燕，有廣陽、上谷、漁陽、右北平、遼東、遼西六郡；十二年更王子建。景帝三年，燕國唯餘廣陽一郡，其餘五邊郡屬漢。武帝元朔元年燕國除為郡，元狩六年以廣陽郡部分地復置燕國封子旦，餘地置為涿郡，昭帝間，燕國復除為郡，宣帝本始元年又以此郡部分地置廣陽國。

　　　　今按，說是。《漢書·地理志上》：「廣陽國，高帝燕國，昭帝元鳳元年為廣陽郡，宣帝本始元年更為國。莽曰廣有。」但該簡燕國似為縣名。待考。

〔3〕前銯：里名。

〔4〕趙仁：人名。

〔5〕與此：李均明（2009，414頁）：「與此」所繫數值為逐次累計數。

今按，說是。與此為逐次累加之數。

□□觻得大千秋〔1〕里公士淳于晏〔2〕，年廿四，出　▨　73EJT24：39

【集注】

〔1〕大千秋：當為里名，屬觻得縣。

〔2〕淳于晏：人名。

戍卒濟陰郡冤句亭里〔1〕官大夫爰聖〔2〕，年廿九　▨　73EJT24：41

【集注】

〔1〕亭里：里名，屬冤句縣。

〔2〕爰聖：人名，為戍卒。

出麥二石　稟臨莫〔1〕隧卒廉襄〔2〕九月食二十一卩　73EJT24：43

【校釋】

「卩」原作「丿丿」，姚磊（2015）釋。「稟」原作「廩」，黃艷萍（2016B，123頁）、（2018，136頁）釋。

【集注】

〔1〕臨莫：隧名。

〔2〕廉襄：人名，為戍卒。

酒醬二石　官□自取　彐　73EJT24：44

贖罪〔1〕允吾葉陽〔2〕里女子陳成〔3〕大婢愛〔4〕　73EJT24：47

【集注】

〔1〕贖罪：任仲爀（2012，213頁）：贖刑存在正刑與替代刑兩種概念。即繳納財物，將最初判定的刑罰換刑為二次刑或完全免除刑罰的 A 類；直接判為贖刑（贖黥、贖城旦舂、贖耐等）正刑（B 類）。本文參閱秦律、《二年律令》及其他文獻資料，發現 A 類贖刑不屬於正規刑罰體系。A 類贖刑不屬於正刑範疇，但因其主要由皇帝頒布與實施，常見於文獻資料之中。儘管如此，漢代人普遍認可的贖刑就是這種律令沒有規定的 A 類贖刑（代替刑），原因在於

漢代人視贖刑為「貿」，而且認為 B 類贖刑與罰金適用於輕微犯罪，兩者之間沒有差異。

南玉泉（2012A，80 頁）：獨立贖刑的最終執行方式是：判處適用獨立贖刑後，當事人如交納不了規定的贖金，則以勞役抵償，每日折合成若干錢，秦律規定每日為八錢，漢律可能是十二錢。獨立贖刑的本質是財產刑。替換贖刑的執行方式是：法律或詔令規定某人某罪可以贖，當事人若不交納贖金，則執行原判刑罰（本刑），這時的贖刑有學者稱為附屬性贖刑其實較為合適；因為，聯繫原判刑罰，其本質則不屬於財產刑，而是以何種方式執行本刑的問題。

今按，諸說是。贖罪即贖刑，為可以用錢物贖免罪行的刑罰。《後漢書‧光武帝紀下》：「夏四月乙丑，詔令天下繫囚自殊死已下及徒各減本罪一等，其餘贖罪輸作各有差。」

〔2〕葉陽：里名，屬允吾縣。

〔3〕陳成：人名。

〔4〕愛：人名，為大婢。

十一月己未
居延當利〔1〕里大夫召里人〔2〕，年廿、長七尺二寸、黑色，十一月戊寅出　車一兩、牛一
73EJT24：48

【集注】

〔1〕當利：里名，屬居延縣。

〔2〕召里人：人名。

河南郡雒陽常富〔1〕里大夫張益眾〔2〕，年廿六歲、黑色、長七尺二寸，四月甲辰入　牛車一兩　☑
73EJT24：50

【集注】

〔1〕常富：里名，屬雒陽縣。

〔2〕張益眾：人名。

☑公乘段安世〔1〕，年卅、長七尺五寸、黑色　弩一、矢廿四　馬一匹　丿
73EJT24：51

【校釋】

「丿」原缺釋，姚磊（2017D3）釋。

【集注】

〔1〕段安世：人名。

出粟二石　稟樂昌〔1〕隧卒聶意〔2〕五月食　卩　　　　　73EJT24：52

【校釋】

「稟」原作「廩」，黃艷萍（2016B，123 頁）、（2018，136 頁）釋。

【集注】

〔1〕樂昌：隧名。

〔2〕聶意：人名，為戍卒。

☑黑色　☑　　　　　　　　　　　　　　　　　　73EJT24：57

葆揗次〔1〕富里〔2〕夏侯莽☐☑　　　　　　　　　　73EJT24：63

【集注】

〔1〕揗次：武威郡屬縣。《漢書・地理志下》：「揗次，莽曰播德。」

〔2〕富里：里名，屬揗次縣。

七尺杞牀〔1〕一具　☑　　　　　　　　　　　　　　73EJT24：64

【集注】

〔1〕杞牀：莊小霞（2017，72 頁）：「杞牀」則反映當時還有以杞木為材料的牀。
　　　　今按，其說當是。杞牀為杞木牀。

　　……之廷　……廿七束
　　……之廷　……
☐☐　……取☐　……
　　……
　　……　　　　　　　　　　　　　　　　　　73EJT24：66A
……　　　　　　　　　　　　　　　　　　　73EJT24：66B

出第四菱五十　後反☐北　☑　　　　　　　　　73EJT24：67

【校釋】

未釋字圖版作　形，或可釋為「時」字。

驛北亭迹簿□□　　☑　　　　　　　　　　　　　　73EJT24：69

☑□□□毌卑　取錢四百為秋政廿石　　　　　　　73EJT24：76

　☑　以食金關隧長□☑　　　　　　　　　　　　　73EJT24：79

【校釋】

　　姚磊（2017D1）、（2018E，29頁）遙綴該簡和簡73EJT24：84。今按，兩簡形制、字體筆迹等一致，內容相關，當屬同一簡，但不能直接拼合，可遙綴。

☑乘張光〔1〕，年六☑　　　　　　　　　　　　　73EJT24：80

【集注】

〔1〕張光：人名。

☑當　　取迎五月六月司御錢三□☑

☑□□　卅以將軍行塞置不□☑　　　　　　　　　73EJT24：81

☑十七枚☑　　　　　　　　　　　　　　　　　　73EJT24：82

☑定國為取　　☑　　　　　　　　　　　　　　　73EJT24：84

【校釋】

　　姚磊（2017D1）、（2018E，29頁）遙綴簡73EJT24：79和該簡。今按，兩簡形制、字體筆迹等一致，內容相關，當屬同一簡，但不能直接拼合，可遙綴。

・大凡一月二百☑　　　　　　　　　　　　　　　73EJT24：86

☑年廿　　☑　　　　　　　　　　　　　　　　　73EJT24：87

☑□　甲子孫入　　　　　　　　　　　　　　　　73EJT24：88

■民十九人　牛車十七兩　　　　　　　　　73EJT24：91A+119

□□□　　　　　　　　　　　　　　　　　　　73EJT24：91B

【校釋】

　　姚磊（2016H5）綴。

出甄一，直八十☑　　　　　　　　　　　　　　　73EJT24：94A

　□□□一百卌☑　　　　　　　　　　　　　　　73EJT24：94B

■右八人共　傳　　☑　　　　　　　　　　　　　73EJT24：95

☑部　輸小畜雞十枚、雞子廿□☑　　　　　　　73EJT24：96

觻得萬年〔1〕里任廣漢〔2〕大奴有☑　　　　　73EJT24：99

【集注】

〔1〕萬年：里名，屬觻得縣。

〔2〕任廣漢：人名。

☑□□□□常，年卌二歲、長七尺二寸、黑☑

☑……☑　　　　　　　　　　　　　　　　　　73EJT24：100

☑弓一、矢卅　　　☑　　　　　　　　　　　　73EJT24：102

【校釋】

　　姚磊（2017H8）綴合簡 73EJT30：133 和該簡。今按，兩簡出土於不同探方，茬口並不能吻合，似不能綴合。

☑車一兩　　☑　　　　　　　　　　　　　　　73EJT24：103

☑　　牛車一兩，載粟　　☑　　　　　　　　　73EJT24：105
☑　　牛車一兩，載粟　　☑　　　　　　　　　73EJT24：107

【校釋】

　　以上兩簡形制、字體筆迹等一致，內容相同，或屬同一簡冊，當可編連。

☑從者不里〔1〕侯☑　　　　　　　　　　　　73EJT24：110

【集注】

〔1〕不里：里名，或為不審里之漏寫。

☑　　劍一
☑　　·右官兵
☑　有方一
☑　　·右卒兵　　　　　　　　　　　　　　　73EJT24：114

戍卒汝南郡長平邑〔1〕緹里〔2〕公乘丁恢〔3〕，年廿四　　　　　73EJT24：117

【集注】

〔1〕長平邑：鄭威（2015，229頁）：當稱長平縣時，全為淮陽郡之屬縣，而稱長
平邑時，則屬汝南郡。元康三年淮陽置國之後，長平改屬汝南，置邑當在此
年之後。居延、金關漢簡的名縣爵里資料中，名籍在長平縣、西華縣的人數
頗多，而在長平邑、西華邑的人數很少，說明對這兩地戍卒、田卒的徵發，
當集中在元康三年之前。《漢志》西華縣屬汝南郡，在今河南西華縣田口鄉
董城村。

今按，說是。長平為汝南郡屬縣。《漢書・地理志上》：「長平，莽曰長正。」
據此簡則其曾為邑。

〔2〕緹里：里名，屬長平邑。

〔3〕丁恢：人名，為戍卒。

☒　九月丁未入　　　　　　　　　　　　　　　　　　　　　73EJT24：120

觻得敬老〔1〕里上造張忘〔2〕，年六十、長七尺四寸　☒　　　　73EJT24：121

【集注】

〔1〕敬老：里名，屬觻得縣。

〔2〕張忘：人名。

☒　牛車一兩　五　劍一　☒　　　　　　　　　　　　　　73EJT24：122

☒子男聞君〔1〕、子女冠符〔2〕　車牛一兩　☒　　　　　　　73EJT24：124

【集注】

〔1〕聞君：人名。

〔2〕冠符：人名。

民十七人　牛車十二兩　☒　　　　　　　　　　　　　　　73EJT24：125
☒□駕騧牡馬、齒八歲，驊牝馬、齒十二歲　十一月廿四日出

　　　　　　　　　　　　　　　　　　　　　　　　　　　73EJT24：126

☒　牛一、弓一、矢廿、劍一　　　　　　　　　　　　　　73EJT24：129

```
                    止虜〔1〕隧長申延壽〔2〕韋，直百一□☑
□□□一枚，直二百      執適〔3〕隧長王遣〔4〕韋五枚，直廿☑
                    豆山〔5〕隧長趙彭助〔6〕五枚□　☑
□□□長寧韋五，直廿三  金關〔7〕隧長聶定世〔8〕五枚，直　☑
```
　　　　　　　　　　　　　　　　　　　　　　　73EJT24：138

【校釋】

　　末行「世」原未釋，何茂活（2018A，121 頁）釋。又何茂活（2018A，121 頁）認為第三行「豆山」為「登山」之訛、「助」為「祖」字誤書。今按，其說當是。

【集注】

〔1〕止虜：隧名。

〔2〕申延壽：人名，為止虜隧長。

〔3〕執適：隧名。

〔4〕王遣：人名，為執適隧長。

〔5〕豆山：黃艷萍（2016A，120 頁）：此簡應為同候官下各燧燧長領取物品簿籍，執適燧、止虜燧、金關燧皆屬肩水候官，故「豆山燧」應該也屬肩水候官。

　　　　　今按，「豆」字當為「登」誤書，豆山隧即登山隧。

〔6〕趙彭助：人名，為豆山隧長。

〔7〕金關：隧名。

〔8〕聶定世：人名，為金關隧長。

金關〔1〕隧長楊惲〔2〕第四　第二　第三　第一　方　第一　第二　第三　第二　第二　第三☑　　　　　　　73EJT24：143

【集注】

〔1〕金關：隧名。

〔2〕楊惲：人名，為金關隧長。

・萬世〔1〕隧倉元始五年八月穀出入簿　☑　　　　73EJT24：144

【集注】

〔1〕萬世：隧名。

後城司馬令史吳詡〔1〕 用馬一匹，驪牝、齒七歲 73EJT24：146+430

【校釋】

姚磊（2016H5）綴，綴合後補「用」字。

【集注】

〔1〕吳詡：人名，為城司馬令史。

戍卒昭武宜春〔1〕里簪裊辛恭〔2〕，年廿☑ 73EJT24：147

【校釋】

田炳炳（2014E）綴合該簡和簡 73EJT24：765，姚磊（2017B2）、（2018E，45頁）認為不能綴合。今按，姚說是，兩簡形制、字體筆迹等不同，茬口處不能吻合，明顯不能綴合。

【集注】

〔1〕宜春：里名，屬昭武縣。

〔2〕辛恭：人名，為戍卒。

子男累山〔2〕里侯詡〔3〕，年廿六
☑□守令史侯賢〔1〕 正月廿一日，北出
軺車一乘、馬二匹 73EJT24：411+150

【校釋】

姚磊（2016H5）綴。兩「侯」字原均作「焦」，何茂活（2017B，218頁）釋。

【集注】

〔1〕侯賢：人名，為令史。

〔2〕累山：里名。

〔3〕侯詡：人名，為侯賢子。

廣野〔1〕卒□光 見吏不在 廣野卒丁陽□□ 73EJT24：151

【集注】

〔1〕廣野：隧名。

　　　　　　　　　糒嬰一，直二　　☑
通望〔1〕兵內中居〔2〕　米器一，直五十　　☑
　　　　　　　　　布緯二，直九十☑　　　　　　　　　73EJT24：152

【集注】

〔1〕通望：隧名。

〔2〕居：白海燕（2018，513 頁）：從簡文可知它是一個集體概念名詞，指代「糒嬰（罌）、米器、布緯（乾糧袋子）」等儲物之器物。

　　　今按，說或是。亦或「居」為存儲之意。《漢書・張湯傳》：「居物致富，與湯分之。」顏師古注引服虔曰：「居，謂儲也。」則內中儲蓋指烽燧內部所儲。

居攝二年六月□□守尉馮〔1〕、候長昌〔2〕錢□☑　　　　　73EJT24：153

【集注】

〔1〕馮：人名，為守尉。

〔2〕昌：人名，為候長。

　　　　　　　年廿三、長七尺
☑□郭奉親〔1〕　　　　　　　送詔獄囚郭誼〔2〕、田萬☑
　　　　　　　五寸、黑色　　　　　　　　　　　　　　73EJT24：154

【集注】

〔1〕郭奉親：人名。

〔2〕郭誼：人名，為獄囚。

河上候史夏侯陽〔1〕葆　徒弟□☑　　　　　　　　　　73EJT24：155

【集注】

〔1〕夏侯陽：人名，為候史。

表是禾里〔1〕公乘王利親〔2〕，年廿一、長七尺三寸、黑色，十一月戊寅☑
　　　　　　　　　　　　　　　　　　73EJT24：156+482+158

【校釋】

　　姚磊（2016H5）綴，「三寸」的「三」原簡 73EJT24：158 作「二」，綴合後釋。

【集注】

　〔1〕禾里：里名，屬表是縣。

　〔2〕王利親：人名。

☑索里公乘左彊〔1〕，年卌☑　　　　　　　　　　　　　73EJT24：157

【集注】

　〔1〕左彊：人名。

☑□岑二月奉　　☑　　　　　　　　　　　　　　　　73EJT24：161
☑□□□年卌一，輜車一乘☑　　　　　　　　　　　　73EJT24：163
☑廣地界中　用馬一匹　　　　　　　　　　　　　　　73EJT24：165

觻得定安〔1〕里桃□☑　　　　　　　　　　　　　　　73EJT24：167

【集注】

　〔1〕安定：里名，屬觻得縣。

·凡得荄為大石　十六　☑　　　　　　　　　　　　　73EJT24：169

觻得常利〔1〕里□久都　車一兩☑　　　　　　　　　73EJT24：170

【集注】

　〔1〕常利：里名，屬觻得縣。

☑　臨河里張☑　　　　　　　　　　　　　　　　　　73EJT24：171
☑奉　☑　　　　　　　　　　　　　　　　　　　　　73EJT24：172

☑□二石四斗，付誠北〔1〕萃擊〔2〕，以食士四人十二□☑

　　　　　　　　　　　　　　　　　　　　　　73EJT24：187+173

【校釋】

　　伊強（2015A）綴，綴合後補釋「北」字，「誠」原簡 73EJT24：187 作「職」，「萃」原簡 73EJT24：173 作「率」，綴合後釋。

【集注】

〔1〕誠北：何茂活（2018B，132 頁）：「誠」蓋取使其真誠之意。又，居延地區候
　　　燧名中有橐他候官之「誠敖（勢）」、卅井候官之「誠勢北」等，也許「誠北」
　　　即「誠勢北」之省，亦即誠勢之北，待考。

　　　　　今按，說或是。誠北當為隧名。

〔2〕萃擊：當伊強（2015A）：「萃擊」可理解為人名，「萃」似也可讀為「卒」。

　　　　　今按，其說是。萃擊或為人名。

☑　□二分	73EJT24：176
☑　□一	
凡八物	
☑　席一	73EJT24：178
☑□□界中□☑（削衣）	73EJT24：179
……　☑	
☑　輺車一乘，用馬一匹，騩牝、齒十五歲、高五尺八寸	73EJT24：195
肩水中部居聑三年十月吏卒見缺名　　☑	73EJT24：197
☑□　凡用□□	73EJT24：200
☑辛卯日中時　出　☑	73EJT24：203A
☑　□□□□□□□　☑	73EJT24：203B

【校釋】

　　A 面「辛」原作「卒」，司曉蓮、曲元凱（2016），李穎梅（2018）釋。

積三為二千

☑　麥廣百卅、長二百五十步	Ｊ□☑	
	五百步	73EJT24：205

	牛車一兩	載米卅石☑
☑　吳子小女都〔1〕，年一		
	用馬一，驊牝、齒四歲　九月十四日入☑	
		73EJT24：206

【集注】

〔1〕都：人名。

☑二十五☐☐☐☐有　☑　　　　　　　　　　73EJT24：207

出六石弩一　征和三年癸丑，令卒☐☐☑　　　　73EJT24：208

【校釋】

　　「征和三年」原作「延和三年」，羅見今、關守義（2014）認為指的就是征和三年（前90）。「延」字許名瑲（2016P）、胡永鵬（2016A，147頁）釋作「征」。今按，諸說是。原釋「延」字作 形，釋「征」可信。

☑都亭蘇幼君〔1〕幘錢〔2〕，少六十　　☑

☑⋯⋯　☑　　　　　　　　　　　　　　　　73EJT24：209

【集注】

〔1〕蘇幼君：人名。

〔2〕幘錢：中國簡牘集成編輯委員會（2001H，7頁：）幘，一種頭巾。《晉書·輿服志》：「文武官皆免冠著幘。」

　　　　今按，說是。幘錢為頭巾錢。

昭武佐毛彭〔1〕　昭武丞印　☐一匹，白牝、齒十歲、高☐尺八☐☑

　　　　　　　　　　　　　　　　　　　　　73EJT24：212

【集注】

〔1〕毛彭：人名，為昭武縣佐。

草辟、皮冒各一　　　　　　　　　　　　　　73EJT24：213

【校釋】

　　「皮」原作「及」，張再興、黃艷萍（2017，74頁）釋。

☑☐　建平五年十月甲申〔1〕，宜禾〔2〕里李邑〔3〕付直徐武　　73EJT24：217

【校釋】

　　「十月」原作「五月」，胡永鵬（2014A，241頁）、（2014B，277頁）、（2016A，380頁）釋。

【集注】

〔1〕建平五年十月甲申：建平，漢哀帝劉欣年號。建平五年即元壽元年，據徐錫祺
　　　（1997，1680 頁），元壽元年十月丁卯朔，十八日甲申，為公曆公元前 2 年 11
　　　月 15 日。

〔2〕宜禾：里名。

〔3〕李邑：人名。

☑　正月壬辰，皆南入　　　　　　　　　　　　　　　73EJT24：218

出麥三石，以食亭戍卒五人，十二月辛丑盡庚☑　　　73EJT24：220+502

【校釋】

　　林宏明（2016I）綴。

☑候□粟卅五石□☑　　　　　　　　　　　　　　　73EJT24：223

☑富昌〔1〕里宋□，年十八　　☑　　　　　　　　73EJT24：224

【集注】

〔1〕富昌：里名。

☑　二月己酉出　　☑　　　　　　　　　　　　　　73EJT24：226

☑□□

　　　　　　　　牛車□☑

☑秋單衣未到　　　　　　　　　　　　　　　　　　73EJT24：229

付□長占穀千石　　☑

……　　☑　　　　　　　　　　　　　　　　　　　73EJT24：232

滎陽右尉王□□□☑　　　　　　　　　　　　　　　73EJT24：234

■右出麥六十一石　給乘塞庶士以下十九人初除積　卅月十五日逋食

　　　　　　　　　　　　　　　　　　　　　　　　　73EJT24：235

淮陽郡新郪革里〔1〕周壽〔2〕　　∫　　　　　　　73EJT24：238

【集注】

〔1〕革里：里名，屬新郪縣。

〔2〕周壽：人名。

河東池北〔1〕呂弘〔2〕　牛車一兩　劍一□一　　　　　　　73EJT24：241

【集注】

〔1〕池北：趙海龍（2014B）：《漢書·地理志》河東郡安邑，莽曰河東，此條簡文
　　之河東應是安邑之更名，池北應為里名，這樣河東郡下應有河東縣池北里……
　　因而此條簡文中的「河東池北」也不排除為「郡名+里名」的可能性；不過筆
　　者傾向於河東縣池北里的釋讀，因為這種釋讀更為符合漢代等級人口信息的
　　原則。

　　　　　今按，其說或是。不過郡名後直接書寫里名的情況漢簡屢見，該簡似非王
　　莽時簡，故河東更可能是郡名，池北為里名。

〔2〕呂弘：人名。

河南郡雒陽南石〔1〕里張湯〔2〕　　牛車一兩　弩一、矢十二　　ſ
　　　　　　　　　　　　　　　　　　　　　　　　　　　　73EJT24：242

【校釋】

　　「南石」的「南」原作「雨」，何茂活（2018A，122頁）釋。

【集注】

〔1〕南石：里名，屬雒陽縣。

〔2〕張湯：人名。

☑　　　　　　　　　　　　　五日辛丑，倩〔1〕宿河上 十日丙午，漢〔2〕宿河上
☑　　一日丁酉，倩宿河上　六日壬寅，漢宿河上
☑　　二日戊戌，漢宿河上　七日癸卯，倩宿河上
☑　　三日，倩宿河上　　　八日甲辰，漢宿河上
☑　　四日庚子，漢宿河上　九日乙巳，倩宿河上　　　　　73EJT24：243

【集注】

〔1〕倩：人名。

〔2〕漢：人名。

……

□石具弩一　虿矢六十　鐵甲一
承弦二　　　矛二　　　鐵鞮鎧一　□　卩

－1240－

稟矢二百　　晉一　　　　　　　　　　　　73EJT24：246

雒陽宜歲〔1〕里張放〔2〕，年三十五、字高　作者樂得廣昌〔3〕里韓況□☑
獄丞印　　　　　　　　　　　　　　　　牛車一兩、用牛二頭　　☑
　　　　　　　　　　　　　　　　　　　　　　　　73EJT24：248

【集注】

〔1〕宜歲：里名，屬雒陽縣。

〔2〕張放：人名。

〔3〕廣昌：里名，屬觻得縣。

肩水候史觻得宜樂〔1〕里呂萬年〔2〕　　未得……盡六月奉錢五千……　☑
地節元年十二月丙辰〔3〕除　　　　　　已得都內賦錢五千四百　　☑
　　　　　　　　　　　　　　　　　　　　　　　　73EJT24：252

【校釋】

　　第一行「盡六」胡永鵬（2015，29頁）改釋作「積九」。今按，改釋或可從，但所釋文字字迹磨滅，不能辨識，暫從整理者釋。

【集注】

〔1〕宜樂：里名，屬觻得縣。

〔2〕呂萬年：人名，為肩水候史。

〔3〕地節元年十二月丙辰：肖從禮（2012A，72～73頁）：本始為西漢宣帝所使用的第一個年號，《漢書》僅止於本始四年，漢簡中的本始五年即地節元年……此簡或為地節二年九月以後所書，「呂□」初任候史一職的時間是「地節元年十二月丙辰」，其「地節」屬追述。簡文是對其自地節二年正月至九月以來任候史一職奉錢領取情況的統計。

　　　　今按，說或是。地節，漢宣帝劉詢年號。據徐錫祺（1997，1546頁），地節元年十二月甲午朔，二十三日丙辰，為公曆公元前68年2月6日。

☑□睢陽紘邪〔1〕里黃充〔2〕，年廿六　§　　　　73EJT24：255

【集注】

〔1〕紘邪：里名，屬睢陽縣。

〔2〕黃充：人名。

戍卒梁國睢陽東方〔1〕里上造趙害〔2〕，年廿四　　　　　　73EJT24：256

【集注】

〔1〕東方：里名，屬睢陽縣。

〔2〕趙害：人名，為戍卒。

☑橐他鄣卒孔德〔1〕　　亅　　　　　　　　　　　　　73EJT24：257

【集注】

〔1〕孔德：人名，為鄣卒。

大河郡東平陸東平〔1〕里孫遺〔2〕，年廿四　　亅　　　73EJT24：258
大河郡東平陸合里〔3〕單當時〔4〕，年卅六　　☑　　　73EJT24：550
大河郡東平陸禾成〔5〕里夏樂〔6〕，年廿八☑　　　　　73EJT24：974

【校釋】

　　　　以上三簡姚磊（2020H，116頁）認為屬同一冊書，可編連。今按，說當是，三
簡形制、字體筆迹等一致，或原屬同一簡冊。

【集注】

〔1〕東平：里名，屬東平陸縣。

〔2〕孫遺：人名。

〔3〕合里：里名，屬東平陸縣。

〔4〕單當時：人名。

〔5〕禾成：里名，屬東平陸縣。

〔6〕夏樂：人名。

☑　　以食徒大男四人十二月食，積百廿人，人六升　　73EJT24：259

鄣卒張廣德〔1〕　　承弩一、有方一　　　　　　　　73EJT24：260

【集注】

〔1〕張廣德：人名，為鄣卒。

安土〔1〕隧戍卒潁川僞陵臺里〔2〕傅固〔3〕　　　　　　　73EJT24：261

【集注】

〔1〕安土：隧名。

〔2〕臺里：里名，屬僞陵縣。

〔3〕傅固：人名，爲戍卒。

六月廿日責計（上）

責柳子文〔1〕布一匹，少百　　責□□駑布〔2〕一匹，直四百。入二百八十少百廿

責龐次君〔3〕布一匹，直四百廿。出二百五十，少七十（下）　　73EJT24：263

【集注】

〔1〕柳子文：人名。

〔2〕駑布：駑指劣馬。《漢書・王陵傳》：「陛下不知其駑下，使待罪宰相。」顏師
　　　古注：「駑，凡馬之稱，非駿者也，故以自喻。」則駑布或當指品質粗劣的布。
　　　又簡文字迹漫漶不清，亦不排除有釋讀錯誤的可能。

〔3〕龐次君：人名。

河內郡山陽〔1〕有利〔2〕里張萬〔3〕　　☑　　　　　　　73EJT24：270

【集注】

〔1〕山陽：河內郡屬縣。

〔2〕有利：里名，屬山陽郡。

〔3〕張萬：人名。

……　☑

正月廿七日迹　肩水☑　　　　　　　　　　　　　　　　73EJT24：278

戍卒魏郡繁陽宜秋〔1〕里大夫趙嬰〔2〕，年廿三　　☑　　73EJT24：279

【校釋】

　　「繁」原作「繁」，黃艷萍（2016B，136頁）、（2018，137頁）釋。

【集注】

〔1〕宜秋：里名，屬繁陽縣。

〔2〕趙嬰：人名，爲戍卒。

□□□□張掖觻得□□□受□☑   73EJT24：280

☑出粟小石六石   73EJT24：281

氐池昌平〔1〕里不更董不侵〔2〕，年卅四、長七尺☑   73EJT24：282

【集注】

〔1〕昌平：里名，屬氐池縣。

〔2〕董不侵：邢義田（2011B，96 頁）：漢簡中亦無以「不侵」為人名之例。但有
「不侵候」「不侵隧」「不侵部」。

今按，該簡不侵為人名，《急就篇》可見人名「所不侵」，顏師古注曰：「不
侵，言其謹愨，不為寇暴也。」

☑千秋〔1〕里靳充〔2〕   ☑   73EJT24：283

【集注】

〔1〕千秋：里名。

〔2〕靳充：人名。

☑　色、長七尺四寸　☑   73EJT24：285

□□□□候居延□□□女子李然〔1〕，年卅五、黑色　☑   73EJT24：287

【集注】

〔1〕李然：人名。

☑　其一人取稟官，定作四人　☑   73EJT24：288

【校釋】

「稟」原作「廩」，黃艷萍（2016B，123 頁）、（2018，136 頁）釋。

☑四，已入八　少卅六   73EJT24：290

出錢三百　賦當利〔1〕隧卒張豐〔2〕　故廣地累山〔3〕隧卒☑   73EJT24：291

【集注】

〔1〕當利：隧名。

〔2〕張豐：人名，為戍卒。

〔3〕累山：隧名。

今餘穀七十四石三斗九☑   73EJT24：292

☑□赤，力一百斤　三石，力四百斤
平樂〔1〕隧弩石力　☑
四石赤閒〔2〕，五百八十斤   73EJT24：294

【集注】

〔1〕平樂：隧名。

〔2〕四石赤閒：赤閒為弩之一種，類同黃閒。據宋傑（1992，94頁），則閒指弩牙，
　　　赤閒為赤色弩牙的弩。參73EJT21：46「大黃」集注。

□　□□□　☑
呂子侯　白　☑   73EJT24：295

【校釋】

　　　「侯」原作「候」，何茂活（2018A，122頁）釋。

肩水卒卅七人　　五人病・
橐他卒六十五人　一人作長・
十一月辛巳　凡卒百一十二人　一人木工
其十人養・（上）
定作九十五人
取薪增落，廣六尺，槫兩行，馬善并高四尺五寸、袤廿丈，率人二尺一寸有奇
六十九人取薪二百七石，率人三石薪去□□□往來卅八里（下）
                                      73EJT24：297
☑　戍田卒　☑   73EJT24：299

☑壽二年五月辛巳除　☑   73EJT24：300

【校釋】

　　　該簡年代羅見今、關守義（2014）指出是漢哀帝元壽二年（前1），並認為此簡
回憶以前「除官」即晉升時間，非書簡年代。黃艷萍（2014B，199頁）亦認為「壽」

字前的殘字為「元」，元壽為漢哀帝時年號。今按，諸說當是。元壽，漢哀帝劉欣年號。據徐錫祺（1997，1681 頁），元壽二年五月癸亥朔，十九日辛巳，為公曆公元前 1 年 7 月 9 日。

☑□□□胡隧長爰卿　　　　　　　　　　　　　　　　　　73EJT24：307

萬歲〔1〕里公乘任青肩〔2〕，年廿二　長七尺三寸、黑色　☑　73EJT24：309

【集注】

〔1〕萬歲：里名。

〔2〕任青肩：人名。

☑　牛車一兩，弩一、矢五十　ᔎ　　　　　　　　　　　　73EJT24：310

☑□□□界，毋越塞出入迹　☑　　　　　　　　　　　　73EJT24：313

【校釋】

「界」前未釋兩字圖版分別作▮、▮，其形殘泐，但結合文義來看，其當為「迹盡」二字。該簡當屬日迹簿，「迹盡界，毋越塞出入迹」漢簡習見，可以參看。又簡末「迹」字作▮形，比較▮形可知，其當為一字，亦可為證。

・凡出穀四石三斗二升　☑　　　　　　　　　　　　　　73EJT24：314

☑年卅五、長七尺五寸、黑色，牛☑　　　　　　　　　　73EJT24：316

☑　赦之　ᔒ☑　　　　　　　　　　　　　　　　　　　73EJT24：317

出菱十束　居聑三年☑　　　　　　　　　　　　　　　　73EJT24：319

聞憙邑〔1〕高里〔2〕傅定〔3〕　　男弟二人　□□□□

　　　　　　　　　　　　弟婦二人　同里傅孫□任

庸同縣魚廬〔4〕里郅羌〔5〕　　□八　　　同里傅□□

　　　　　　　　　　　　同里閻□任　　　　　　　　　73EJT24：321

【校釋】

第二、三行兩「傅」字原均作「傳」，該兩字圖版分別作▮、▮形，而第一行整理者所釋「傅」字作▮形，比較可知，他們當為一字無疑。

【集注】

〔1〕聞憙邑：鄭威（2015，231 頁）：「聞喜」，簡文寫作「聞憙」。從簡文「同縣」可知聞憙為縣級政區，高里、魚盧里為縣下之里……地在今山西省聞喜縣桐城鎮上郭村、邱家莊村。

今按，說是。聞喜為河東郡屬縣。據簡文則其曾為邑。

〔2〕高里：里名，屬聞喜。

〔3〕傅定：人名。

〔4〕魚盧：里名，屬聞喜。

〔5〕郅羌：人名。

延一	□帚一	于二	小杯三	□素案〔1〕一	筥一合□為東
帚一	筥一合	大杯三		大厺閭一	73EJT24：343+322

【校釋】

姚磊（2016H5）綴。第二行「大厺」原未釋，何茂活（2014A）釋。其中「厺」何茂活（2018A，122 頁）作「去」。又第一行「帚」前一字莊小霞（2017，78 頁）認為很可能即「炊」字，即「炊帚一」。今按，該字圖版作 形，當非「炊」字。又第一行「為」前一字何茂活（2018A，122 頁）認為是「皆」。今按，其說或是，但該字模糊不清，不能確知，暫從整理者釋。

【集注】

〔1〕素案：莊小霞（2017，75 頁）：此「素案」是否指不經髹塗的案？暫時還不清楚，但很有可能。

何茂活（2018A，122 頁）：應指未經油漆的盛食物的托盤。

今按，諸說是。素案即沒有經過髹塗的案。

☑和吞□南	73EJT24：323
☑三百一十人、人六升　☑	73EJT24：324
其百五十四石六斗六升麥　☑	
☑升	
九十一石九斗九升粟　☑	73EJT24：326
☑濟陰郡廩丘左里〔1〕卜捐〔2〕　☑	73EJT24：328

【集注】

〔1〕左里：里名，屬廩丘縣。

〔2〕卜捐：人名。

☑　八月辛巳，南入，即日☐☑　　　　　　　　　　　　73EJT24：329

昭縣宜眾〔1〕里公士孫戎〔2〕，年十三　☐☐☑　　　　73EJT24：331

【集注】

〔1〕宜眾：里名，當屬昭武縣。

〔2〕孫戎：人名。

☑橐他候長呂漢昌〔1〕妻，觻得樂就☐☑　　　　　　　73EJT24：333

【校釋】

　　姚磊（2017F5）綴合該簡和簡 73EJT23：818。今按，兩簡屬不同探方出土，字體筆迹有差異，茬口不能完全密合，暫存疑。

【集注】

〔1〕呂漢昌：人名，為橐他候長。

官元始五年四月傳驛稟名☑　　　　　　　　　　　　　73EJT24：336

【校釋】

　　「稟」原作「廩」，黃艷萍（2016B，123 頁）、（2018，136 頁）釋。

河內郡軹〔1〕安昌〔2〕里☐利☑　　　　　　　　　　73EJT24：337

【校釋】

　　未釋字秦鳳鶴（2018A，90 頁）補釋作「時」。今按，補釋可從，但該字圖版作☐形，較為模糊，不能確知，暫從整理者釋。

【集注】

〔1〕軹：河內郡屬縣。

〔2〕安昌：里名，屬軹縣。

稟禁胡〔1〕隧卒☑　　　　　　　　　　　　　　　　　73EJT24：338

【校釋】

　　「稟」原作「廩」，黃艷萍（2016B，123 頁）釋。

【集注】

〔1〕禁胡：何茂活（2017C，136 頁）：「禁」為制止之意。

　　　　　　今按，其說是。禁胡為隧名。　　　·

☑□六歲、長□尺四寸、黑色☑　　　　　　　　　　73EJT24：341

☑長彭出　　　　　　　　　　　　　　　　　　　　73EJT24：344

正席二　　□□☑　　　　　　　　　　　　　　　　73EJT24：347

【校釋】

　　「正」字何茂活（2018A，122 頁）認為是「延」字的省訛寫法。今按，其說當是，該字作 延 形，或即「延」訛寫。

出泉二□☑　　　　　　　　　　　　　　　　　　　73EJT24：350

☑□□一疋取□「□☑　　　　　　　　　　　　　　73EJT24：351

【校釋】

　　「取」後一字何茂活（2018A，122 頁）釋作「就」。今按，其說當是，該字作 就 形，和「就」字類似，但圖版磨滅，不能確知，暫從整理著釋。

□□錢千二□☑　　　　　　　　　　　　　　　　　73EJT24：352

【校釋】

　　該簡何茂活（2018A，122 頁）釋作「出賦錢千二百」。今按，其說或是，但簡文字迹多殘斷磨滅，不能確知，當從整理著釋。

☑……☑　　　　　　　　　　　　　　　　　　　　73EJT24：353

☑其一匹還　和卿取二匹　其☑　　　　　　　　　　73EJT24：354

☑一領取　☑　　　　　　　　　　　　　　　　　　73EJT24：356

☑直三百問☑　　　　　　　　　　　　　　　　　　73EJT24：357

始安〔1〕里溫宮〔2〕　☑　　　　　　　　　　　　73EJT24：360

【集注】

〔1〕始安：里名。

〔2〕溫宮：人名。

☒月庚辰入☐　　☒　　　　　　　　　　　　　　73EJT24：361

☒凡四百鑿　☒　　　　　　　　　　　　　　　　73EJT24：362

酒泉表是萬歲〔1〕**里**　　☒　　　　　　　　73EJT24：366

【集注】

〔1〕萬歲：里名，屬表是縣。

　　　　　　　　其千八百石粟　☒

・凡入穀二千二百五十石

　　　　　　　　四百五十石糜　☒　　　　　　　73EJT24：370

☒☐鄣卒☐☐☐　卩　　　　　　　　　　　　　73EJT24：373

【校釋】

　　該簡何茂活（2018A，122頁）釋作「稾鄣卒安敵七月食　卩」。今按，其說或是，但簡文字迹多殘斷磨滅，不能辨識，當從整理著釋。

☒里公乘孫宣〔1〕，年七十　葆觻得當富〔2〕里公乘任賞〔3〕，年卅（上）
軺車二☒
用馬三☒（下）　　　　　　　　　　　　　　　73EJT24：374

【集注】

〔1〕孫宣：人名。

〔2〕當富：里名，屬觻得縣。

〔3〕任賞：人名。

革鞮鞻二　　☒　　　　　　　　　　　　　　　73EJT24：380

☒　正月丁未，南入　　　　　　　　　　　　　73EJT24：386

……付☐☐亭長☐　☒　　　　　　　　　　　　73EJT24：387

☑□六升　　　　　　　　　　　　　　　　　　　73EJT24：388

　　　毋尊布三匹、匹四百☑

☑出錢千八百

　　　黃縑〔1〕一匹，直□□☑　　　　　　　　73EJT24：389

【集注】

〔1〕黃縑：縑為雙絲織成的細絹。《說文・糸部》：「縑，并絲繒也。」黃縑當為黃
　　色的縑。《後漢書・楚王英傳》：「英遣郎中令奉黃縑白紈三十匹詣國相曰：『託
　　在蕃輔，過惡累積，歡喜大恩，奉送縑帛，以贖愆罪』。」

☑屋蘭□□里趙勳〔1〕，年五十五　　乘方箱車，馬一匹☑　　73EJT24：390

【校釋】

　　　後一「五」字原作「歲□」，葛丹丹（2019，1706頁）釋。

【集注】

〔1〕趙勳：人名。

戍卒東郡茌平邑〔1〕□☑　　　　　　　　　　73EJT24：392

【校釋】

　　　「茌」原作「茬」，林獻忠（2014）、（2016，132頁），趙爾陽（2016C）釋。

【集注】

〔1〕茌平邑：陳直（1979，201頁）：《續漢書・郡國志》作茌平。《隸釋》卷六，謁
　　者景君碑陰，有「濟北茌平」。楊叔恭殘碑亦作茌平，與誌文正合，宋祁謂茌
　　當作茬，非也。

　　　趙爾陽（2016C）：通過辨析「茌」「茬」「荏」三字的發展演變及近古人
　　的相關論述，可知兩漢時此地名當寫作「茌平　」。「茬」當為「茌」之異體字！
　　「荏」字更是後來才出現的，當屬「茌」在演變過程中的訛誤，但今天「茌平」
　　已取代「茬平」，成為此一縣名今日的標準寫法。

　　　鄭威（2015，233頁）：《史記・酷吏列傳》曰：「尹齊者，東郡茌平人。」
　　《漢書・酷吏傳》亦有相同記載。依據簡文，當以「茌平」為是，茬、荏均
　　因形似而誤。茌平曾置邑，地在今山東省茌平縣韓集鄉高垣墻村、南鄭村。

今按，陳直、趙爾陽說是。茌平為東郡屬縣。《漢書・地理志上》：「茌平，莽曰功崇。」顏師古注引應劭曰：「在茌山之平地者也。」但《後漢書・郡國志》作「茌平」，陳直引作「茌平」有誤。鄭威據釋讀錯誤的簡文認為當以「茬平」為是，則不妥。

■右第二車九☑   73EJT24：393

入賦泉六百　受望泉〔1〕隧長田並□☑   73EJT24：399

【集注】

〔1〕望泉：隧名。

☑　八月辛卯，嗇夫常〔1〕受次仲〔2〕錢   73EJT24：400

【校釋】

「常」字原作「當」，該字作 ![房] 形，當為「常」字，嗇夫名常漢簡屢見。馬智全（2017B，261 頁）亦釋。

【集注】

〔1〕常：人名，為嗇夫。

〔2〕次仲：人名。

☑　弓一、矢□☑   73EJT24：403

☑淮陽國☑   73EJT24：404

【校釋】

姚磊（2019C4）綴合簡 73EJT24：436 和該簡。今按，兩簡茬口處均較平整，簡 73EJT24：436 文字居中而該簡文字靠左，不能十分肯定是否可綴合。

河南雒陽直里〔1〕公乘馬害〔2〕，年廿八　☑   73EJT24：405

【集注】

〔1〕直里：里名，屬雒陽縣。

〔2〕馬害：人名。

☑□十八、長七尺二寸、黑色，軺車一乘、馬二匹☑　　　　73EJT24：406

☑　馬一匹，驪牡、齒六歲、高五尺九寸

☑　馬一匹，騮牝、齒七歲，高六尺　　　　　　　　　　73EJT24：412

【校釋】

　　第二行「牝」原作「牡」，胡永鵬（2013）、（2014A，237頁）釋。

☑□直八萬三千三百　　同里閻嚴〔1〕任

☑□□□□□□□　　同里毌丘孫〔2〕任　　　　　　　73EJT24：414

【集注】

〔1〕閻嚴：人名。

〔2〕毌丘孫：人名。

出糜三石，付誠北〔1〕萃擊〔2〕，以食☑　　　　　　73EJT24：415

【校釋】

　　「萃」原作「華」，伊強（2015A）釋。

【集注】

〔1〕誠北：隧名。

〔2〕萃擊：當為人名。

☑□上造趙嘉〔1〕，年卅九，送客□　☑　　　　　　　73EJT24：418

【集注】

〔1〕趙嘉：人名。

☑□范卿御吏應　　　　　　　　　　　　　　　　　　73EJT24：419

☑三、長七尺三寸、黑色　　　　　　　　　　　　　　73EJT24：420

出賦錢六百　☑　　　　　　　　　　　　　　　　　　73EJT24：423

☑尺二寸、黑色，大車一兩、牛一　　　　　　　　　　73EJT24：424

各一大杯二□□☑　　　　　　　　　　　　　　　　　73EJT24：425

【校釋】

簡末未釋字何茂活（2018A，123頁）補釋作「于一」。今按，其說當是，但簡文漫漶不清，不能確知，暫從整理者釋。

☑出糜七石，以食亭卒五人，十月壬寅盡☐☑　　　　　73EJT24：429

【校釋】

「盡」原未釋，姚磊（2017G4）補釋。

☑以食卻適〔1〕隊卒尚〔2〕，乃使正月七日勮食〔3〕　　☑　　73EJT24：432

【集注】

〔1〕卻適：隧名。

〔2〕尚：人名，為戍卒。

〔3〕勮食：漢簡常見「勮作」，或指繁重的勞作，則勮食為繁重勞作時的食糧。

士吏☐☑　　　　　　　　　　　　　　　　　　　　73EJT24：433

☑甲寅迹，毋越塞出入迹　☑　　　　　　　　　　　73EJT24：434

☑橐他界中☑　　　　　　　　　　　　　　　　　　73EJT24：435

☑　☐隧戍卒☑　　　　　　　　　　　　　　　　　73EJT24：436

【校釋】

姚磊（2019C4）綴合該簡和簡 73EJT24：404。今按，兩簡茬口處均較平整，該簡文字居中而簡 73EJT24：404 文字靠左，不能十分肯定是否可綴合。

☑☐☐☐☐☐齒六歲、高五☑　　　　　　　　　　　73EJT24：444

☑妻至，年五十　☑　　　　　　　　　　　　　　73EJT24：446

☑☐亭　☑　　　　　　　　　　　　　　　　　　73EJT24：447

出麥六斗，以……☑　　　　　　　　　　　　　　73EJT24：456

出麥三石……☑　　　　　　　　　　　　　　　　73EJT24：457

☑三百☐☐三千☑

☑三百升九千三☑　　　　　　　　　　　　　　　73EJT24：460

☑☐前出　出　☑　　　　　　　　　　　　　　　73EJT24：467

☑……年廿八　☐☑　　　　　　　　　　　　　　73EJT24：476

☑……凡四人，往來☑ 　　　　　　　　　　　　73EJT24：479

☑盡三年二月假器物☑ 　　　　　　　　　　　　73EJT24：489

☑□長七尺二寸☑ 　　　　　　　　　　　　　　73EJT24：490

☑□二寸、黑色☑ 　　　　　　　　　　　　　　73EJT24：492

出麥二石丿☑ 　　　　　　　　　　　　　　　　73EJT24：494

河南郡雒陽富□里□☑ 　　　　　　　　　　　　73EJT24：495

☑□三月食 　　　　　　　　　　　　　　　　　73EJT24：496

☑□三百四丿 　　　　　　　　　　　　　　　　73EJT24：500

觻得富安〔1〕里公乘召忠〔2〕，年五十八、長七尺☑ 　　73EJT24：515

【集注】

〔1〕富安：里名，屬觻得縣。

〔2〕召忠：人名。

出錢千二百　　□□□□□☑ 　　　　　　　　　73EJT24：518

☑□　十一月己未，南入 　　　　　　　　　　　73EJT24：519

乘氏〔1〕清東〔2〕里程亙，年廿六　長七尺二寸☑ 　　73EJT24：520

【校釋】

　　「亙」字何茂活（2016D）釋作「凡」，葛丹丹（2019，1714 頁）釋「耳」。今
按，該字圖版作 形，當非「亙」字，但似亦非「凡」或「耳」，暫存疑待考。
又「氏」原作「田」，黃浩波（2017D，138 頁）釋。

【集注】

〔1〕乘氏：據《漢書・地理志》，乘氏為濟陰郡屬縣。

〔2〕清東：趙海龍（2014D）：簡文的「清」都應為清縣，清縣《漢書・地理志》屬
　　　東郡，則「清東里」應釋讀為清縣東里。

　　　　　今按，其說非是。清東為里名，屬乘氏縣。

昭武萬□里張光〔1〕，年卅五☑ 　　　　　　　　73EJT24：522

【校釋】

　　未釋字黃浩波（2014B）認為或為「歲」字。今按，說或是，但該字圖版磨滅，
不可辨識。

【集注】

〔1〕張光：人名。

☑令史☐☐，年卅五　☑　　　　　　　　　　　　　73EJT24：524

☑　凡一石七斗四升，以食亭吏一人九月癸酉☑　　　73EJT24：528

☑隧長屋蘭大昌〔1〕里丁禹〔2〕

☑☐六月己巳除（上）

未得地節二年正月盡九月，積九月奉錢五千四百　兄當〔3〕取

已得都內賦錢五千四百　地節二年四月壬辰，授為如意（下）

　　　　　　　　　　　　　　　　　　73EJT24：534+723

【校釋】

　　姚磊（2020D）綴。又姚磊（2016H7）曾綴合簡73EJT24：945和簡73EJT24：534。今按，兩簡茬口處恐不能密合，綴合後復原的「隧」字中間不完整，兩簡能否綴合尚有疑問。

【集注】

〔1〕大昌：里名，屬屋蘭縣。

〔2〕丁禹：人名，為隧長。

〔3〕當：人名，姚磊（2020D）指出其與73EJT25：8號簡的「丁當」為同一人。

凡取一石豆　　☑　　　　　　　　　　　　　　　　73EJT24：537

☑驛小史傅〔1〕　麥一石八斗，候橐部　麥一石七斗四升，候橐☑

　　　　　　　　　　　　　　　　　　73EJT24：539

【集注】

〔1〕傅：人名，為驛小史。

☑入☐一，直八百　　入☐　☑

☑入☐一，直千五百　入☐　☑　　　　　　　　　　73EJT24：540

田卒粱國睢陽館里〔1〕彭廣〔2〕，年廿七　庸樂☐　☑　73EJT24：541

【校釋】

　　「粱」原作「粱」，黃艷萍（2016B，122頁）、（2018，135頁）釋。

【集注】

〔1〕館里：里名，屬睢陽縣。

〔2〕彭廣：人名，為田卒。

戍卒鉅鹿郡南欒武安〔1〕里戍平〔2〕　　　☒　　　　　　73EJT24：542

【集注】

〔1〕武安：里名，屬南欒縣。

〔2〕戍平：人名。

戍卒東郡畔〔1〕大曲〔2〕里單地餘〔3〕　　有方一　　☒　　　73EJT24：543

【集注】

〔1〕畔：日比野丈夫（1987，341～342頁）：但是在《漢書・地理志上》東郡下面
　　沒有畔縣，確有一個畔觀縣。《大清一統志》（卷一百四十四）等絲毫也不懷疑
　　漢代畔觀縣的存在，而且將它的故城確定在山東曹州府觀城縣以西。然而觀從
　　先秦開始就是人所共知的地名，在《漢書》中也曾多次出現，但除了《地理志》
　　以外，從未見到過「畔觀」，因而在漢唐學者的注釋中也沒有這一地名，所以
　　就產生了爭議。也有人，如陳景雲《兩漢訂誤》卷一，極簡單地把畔當作衍字
　　處理。這個問題直到段玉裁認為應該把畔觀二字分開看作二個縣名時，才好像
　　終於有了定論……也就是說，畔一定是一個縣名。在《續漢書・郡國志》上找
　　不到該縣名，有可能在後漢時因精簡行政區劃而與其他縣合併了。唯一的線索
　　是，在後代所編的《北魏書・地形志》平原郡聊城縣（該縣在前後漢時都屬於
　　東郡）這一條中記載著「有畔城」，這個畔城也許正是前漢的畔縣故城。這樣
　　的話，段氏的意思可能是指畔縣與聊城縣合併。段氏這種認為存在過畔縣的卓
　　越見解，雖然僅以《地形志》為旁證，但在他死後一百多年終因居延漢簡的發
　　現而獲得了可靠的證據。
　　　　于豪亮（1981A，103頁）：《漢書・地理志》東郡有畔觀縣，沒有畔縣，
　　畔觀顯然是畔、觀兩縣，後代抄書人誤抄在一起，就成為一個縣了。
　　　　今按，諸說是。畔縣為東郡屬縣。《漢書・地理志》作「畔觀」有誤。

〔2〕大曲：里名，屬畔縣。

〔3〕單地餘：人名，為戍卒。

☑　庸睢陵〔1〕里張定〔2〕，年廿四　☑　　　　　　73EJT24：544

【集注】

〔1〕睢陵：里名。

〔2〕張定：人名。

☑□月辛巳入　六月丁丑出　　　　　　　　　　73EJT24：546

望遠〔1〕卒史異眾〔2〕　有方一　☑　　　　　　73EJT24：547

【集注】

〔1〕望遠：當為隧名。

〔2〕史異眾：人名，為戍卒。

☑隧卒張馴〔1〕　☑　　　　　　　　　　　73EJT24：548

【集注】

〔1〕張馴：人名，為戍卒。

樂哉〔1〕隧卒索充〔2〕　☑　　　　　　　　73EJT24：549

【集注】

〔1〕樂哉：隧名。

〔2〕索充：人名，為戍卒。

☑兩　卪　大刀一、劍一、楯一　　　　　　73EJT24：551

☑　軺車一乘、馬一匹　☑　　　　　　　　73EJT24：552

☑□□年卌五、長七尺二寸、黃色　☑　　　73EJT24：553

觻得騎士長壽〔1〕里冀兵〔2〕　☑　　　　73EJT24：554

【集注】

〔1〕長壽：里名，屬觻得縣。

〔2〕冀兵：人名，為騎士。

☑陵孔街〔1〕里史傀〔2〕　大車一兩□☑　　73EJT24：556

【集注】

〔1〕孔街：里名。

〔2〕史傀：人名。

□□出力牛六　　☑	73EJT24：560
☑三石承弩一	73EJT24：561
☑寄　有方一　三石承弩一	73EJT24：565
☑□□三，直三百□☑	73EJT24：569A
☑□□□□　☑	73EJT24：569B
☑□百　葱子、韭子各☑	73EJT24：572

戍卒趙國易陽長富□里公乘董故〔1〕，年廿☑　　　73EJT24：578

【集注】

〔1〕董故：人名。

☑長安利成〔1〕里韓□☑　　　73EJT24：579

【集注】

〔1〕利成：里名，屬長安縣。

☑□隧卒段吉〔1〕三月□☑　　　73EJT24：585

【校釋】

　　「段」字原作「歐」，葛丹丹（2019，1718頁）釋「段」。該字作 形，釋「段」可信。

【集注】

〔1〕段吉：人名，為戍卒。

☑　二月癸丑入☑　　　73EJT24：589

☑□長李樂〔1〕十二月食　☑　　　73EJT24：590

【集注】

〔1〕李樂：人名。

亭具椎、連梃〔1〕各廿，斧十、柯〔2〕皆長六□☑　　　　　　　73EJT24：592

【校釋】

　　簡末未釋字趙葉（2016，76 頁）認為是「尺」。今按，其說或是，該字大部分殘缺，當從整理者釋。

【集注】

〔1〕連梃：初師賓（1984A，174 頁）：唐《通典・守拒法》，言其特徵、用途最明，曰：「連梃如打禾連枷狀，打女墻外上城之敵」。又曰：「長斧、長刀、長椎、長鐮……連枷、連棒、白棒」，《太白陰經・守城具篇》與此略同。所述諸器，長刀可以割砍；長鐮乃鉤刃器，即《墨子・備城門篇》之長茲（齒）鋸；連棒或如節棍；連梃則直稱連枷，形制當相同，可繞擊攀城之敵。金關發掘時，曾發現一殘連枷，係革條編纂柳棍而成。

　　薛英群（1991，402 頁）：「梃」指木棒，《孟子・梁惠王上》：「殺人以梃與刃，有以異乎？」所謂連梃似指相連在一起的木棒。

　　黃今言（1993，292 頁）：又稱連枷，是用繩索編縛而成的器物。

　　中國簡牘集成編輯委員會（2001C，196 頁）：漢塞守禦器物，狀如打禾用的連枷。

　　今按，諸說多是。《墨子・備城門》：「二步置連梃、長斧、長椎各一物。」其形狀當如打禾連枷。薛英群謂連梃指連在一起的木棒則不妥。

〔2〕柯：斧柄。《說文・木部》：「柯，斧柄。」

☑　稟驪喜〔1〕隧長☑　　　　　　　　　　　　　　　　　　73EJT24：593

【集注】

〔1〕驪喜：隧名。

隧長毛詡〔1〕九☑　　　　　　　　　　　　　　　　　　73EJT24：596+611

【校釋】

　　姚磊（2016H6）綴。又「毛」字原作「屯」，該字作 形，當為毛字。

【集注】

〔1〕毛詡：人名，為隧長。其另見簡 73EJF3：95，為並山隧長。

☑□名籍　　☑　　　　　　　　　　　　　　　　　　　73EJT24：600

【校釋】

　　姚磊（2018A7）綴合簡 73EJT24：606 和該簡。今按，兩簡形制、字體筆迹均相同，內容相關，當屬同一簡。但茬口處不能拼合，亦或可遙綴。

☑□石　　☑　　　　　　　　　　　　　　　　　　　73EJT24：601

☑□未出☑　　　　　　　　　　　　　　　　　　　73EJT24：602

・凡出麥廿五石二斗☑　　　　　　　　　　　　　　73EJT24：604

☑給禁姦〔1〕隧長☑　　　　　　　　　　　　　　　73EJT24：605

【集注】

〔1〕禁姦：隧名。

☑傳驛馬稟☑　　　　　　　　　　　　　　　　　　73EJT24：606

【校釋】

　　姚磊（2018A7）綴合該簡和簡 73EJT24：600。今按，兩簡形制、字體筆迹均相同，內容相關，當屬同一簡。但茬口處不能拼合，亦或可遙綴。

☑□　　稟☑　　　　　　　　　　　　　　　　　　73EJT24：607

☑□月癸……☑　　　　　　　　　　　　　　　　　73EJT24：608

　　　　　　　□□二☑

長棓〔1〕廿四

　　　　　　　□□一☑　　　　　　　　　　　　　73EJT24：609A

……☑　　　　　　　　　　　　　　　　　　　　　73EJT24：609B

【集注】

〔1〕長棓：初師賓（1984A，174 頁）：棓，又名棒、杖、梃。《墨子・備城門篇》：「城上三步一大鋌（梃），前長尺」。《六韜・軍用篇》：「方首鐵棓，胵重十二斤，柄長五尺，……一名天棓」。又唐《通典》守拒法記守城之具有白棓、白棒。按以上棓、梃皆首方而柄圓，若如刑杖、軍棍之形，首部或裹鐵。長棓利於揮斥、掃蕩。稱白棓、白棒者當較短，純以木製，不加鐵飾，而適於近身格鬥。

　　　　黃今言（1993，292頁）：「長棓」即長棒，長杖之類，利於揮斥、掃蕩之用。

　　　　李天虹（2003，114頁）：棓同棒，長棓即長木棒、木杖。

　　　　今按，諸說是。長棓即長棒、長杖等。

臨利〔1〕卒王永□　　☑　　　　　　　　　　　　　　73EJT24：612

【集注】

〔1〕臨利：隧名。

☑□黑色　軺車一乘、馬一匹，三月七日出，即日入　　73EJT24：620
☑　粟七百石，付橐☑
☑　　□　　☑　　　　　　　　　　　　　　　　　　73EJT24：621

☑　稟安竟〔1〕隧長張誼〔2〕十二月食　　☑　　　　73EJT24：623

【集注】

〔1〕安竟：隧名。

〔2〕張誼：人名，為安竟隧長。

☑□□升　蘇君長〔1〕已取一石一斗　　☑
☑　　　　……　　☑　　　　　　　　　　　　　　73EJT24：629

【集注】

〔1〕蘇君長：人名。

☑　六石　☑　　　　　　　　　　　　　　　　　　　73EJT24：632

☑富里趙譚〔1〕，年卌　　☑
☑乘馬二匹　☑　　　　　　　　　　　　　　　　　　73EJT24：633

【集注】

〔1〕趙譚：人名。

☑□河上候史王忠〔1〕五月食　　☑　　　　　　　　73EJT24：637

【集注】

〔1〕王忠：人名，為候史。

☑□卅五☑ 　　　　　　　　　　　　　　　　　73EJT24：641

☑月食　☑ 　　　　　　　　　　　　　　　　　73EJT24：643

☑□□□　牛車一兩　　☑ 　　　　　　　　　　73EJT24：647

☑里上造肥病去〔1〕，年廿□☑ 　　　　　　　　73EJT24：649

【集注】

〔1〕肥病去：人名。

☑　劍一　　☑ 　　　　　　　　　　　　　　　　73EJT24：653

☑　輻車一乘、馬☑ 　　　　　　　　　　　　　73EJT24：654

☑劍一　　☑ 　　　　　　　　　　　　　　　　73EJT24：655

☑通八月食　　☑ 　　　　　　　　　　　　　　73EJT24：663

☑□席一卩　大□□□二☑ 　　　　　　　　　73EJT24：665A

☑□並　☑ 　　　　　　　　　　　　　　　　　73EJT24：665B

【校釋】

　　　第一行「二」前兩未釋字何茂活（2016D）補釋「四案」。今按，補釋或可從，但簡文漫漶不清，不能辨識，當從整理者釋。

田卒粱國睢陽南里〔1〕☑ 　　　　　　　　　　73EJT24：666

【校釋】

　　　「粱」原作「梁」，黃艷萍（2016B，122 頁）、（2018，135 頁）釋。

【集注】

〔1〕南里：里名，屬睢陽縣。

塞虜〔1〕卒趙辰〔2〕　　☑ 　　　　　　　　　73EJT24：667

【集注】

〔1〕塞虜：隧名。

〔2〕趙辰：人名，為戍卒。

田卒大河郡東平陸巨丘〔1〕里□☑　　　　　　　　　73EJT24：668

【集注】

〔1〕巨丘：里名，屬東平陸縣。

☑　牛車一兩☑　　　　　　　　　　　　　　73EJT24：669

　　　　　　　　四石具弩一　☑
累山〔1〕卒王平〔2〕
　　　　　　　　宙矢百五十　☑　　　　　　　　73EJT24：671

【集注】

〔1〕累山：隧名。

〔2〕王平：人名，為戍卒。

☑□兩　　☑　　　　　　　　　　　　　73EJT24：672
……☑
出錢千一百，以償☑　　　　　　　　　　73EJT24：673
☑□　牛車一兩　☑　　　　　　　　　73EJT24：678
☑□長三□☑　　　　　　　　　　　73EJT24：679
☑□八　☑　　　　　　　　　　73EJT24：680A
☑石直千☑　　　　　　　　　　73EJT24：680B

騎士□☑　　　　　　　　　　　　73EJT24：681A

趙林家□☑　　　　　　　　　　　73EJT24：681B

【校釋】

　　姚磊（2017F7）綴合該簡和簡 73EJT24：658，於綴合處復原「便」「從」兩字。今按，兩簡綴合處不能復原「便」「從」二字，暫存疑。

鰈得千秋〔1〕里☑　　　　　　　　　　73EJT24：682

【集注】

〔1〕千秋：里名，屬鰈得縣。

☑□得安國□☑　　　　　　　　　　73EJT24：683

【校釋】

　　未釋字趙海龍（2014D）認為可釋「鮤」。按，說或是，但該字基本殘缺，不能確知，當從整理者釋。

☑破胡〔1〕隧☑　　　　　　　　　　　　　　　73EJT24：687+703

【校釋】

　　何茂活（2016D）、姚磊（2016H6）綴。

【集注】

〔1〕破胡：隧名。

☑　　劍一☑　　　　　　　　　　　　　　　　73EJT24：690

☑卒張奉高〔1〕　　☑　　　　　　　　　　　73EJT24：900+691

【校釋】

　　姚磊（2017G2）綴，「奉」原簡73EJT24：900作「青」，綴合後釋。

【集注】

〔1〕張奉高：人名，為戍卒。

肩水候官地節四年吏受奉賦名籍☑　　　　　　73EJT24：786+692

【校釋】

　　姚磊（2016H7）、（2018E，22頁）綴。

☑殄虜〔1〕隧☑　　　　　　　　　　　　　　73EJT24：693

【集注】

〔1〕殄虜：隧名。

☑□廣利□☑　　　　　　　　　　　　　　　　73EJT24：694

☑臨道〔1〕隧卒田☑　　　　　　　　　　　　73EJT24：698

【集注】

〔1〕臨道：隧名。

☑上，年廿四☑☑　　　　　　　　　　　　　　　　　　73EJT24：699

☑當井〔1〕卒☑☑　　　　　　　　　　　　　　　　　　73EJT24：701

【集注】

〔1〕當井：隧名。

鱳得☐☐里周☑　　　　　　　　　　　　　　　　　　73EJT24：704

【校釋】

　　未釋字何茂活（2016D）補釋「春奈」。今按，補釋或可從，簡文殘泐，未釋字
圖版分別作 ☐、☐ 形，不能確知，當從整理者釋。

田卒梁國睢陽東弓〔1〕里孫聖〔2〕，年☑　　　　　　　73EJT24：706
☑卒梁國睢陽東弓里樂邊〔3〕，年廿四　　☑　　　　　　73EJT24：709
☑田卒梁國睢陽東☑　　　　　　　　　　　　　　　　　73EJT24：776

【校釋】

　　「東」字原未釋，趙葉（2016，45頁）釋。又以上三簡中的「梁」原作「梁」，
均黃艷萍（2016B，122頁）、（2018，135頁）釋。

☑國睢陽東弓里呂姓〔4〕，年廿四　　庸樂☑　　　　　　73EJT24：791

【校釋】

　　以上四簡姚磊（2020H，113頁）認為屬同一冊書，可編連，可能都是「田卒」
名籍。今按，說當是，四簡形制、字體筆迹等一致，或原屬同一簡冊。

【集注】

〔1〕東弓：里名，屬睢陽縣。
〔2〕孫聖：人名，為田卒。
〔3〕樂邊：人名。
〔4〕呂姓：人名。

☑愿敢〔1〕隧卒鄭虫除〔2〕　　☑　　　　　　　　　73EJT24：710

【集注】

〔1〕愿敢：隧名。

〔2〕鄭虫除：人名，為戍卒。

☑庸同里累乾〔1〕，年廿四　　☑　　　　　　　　73EJT24：711

【集注】

〔1〕累乾：人名。

　　　　　　麥二石☑
關佐趙通〔1〕
　　　　　　受降□☑　　　　　　　　　　　　　73EJT24：714

【集注】

〔1〕趙通：人名，為關佐。

河內郡溫犀里〔1〕左通〔2〕　　☑　　　　　　73EJT24：715

【集注】

〔1〕犀里：里名，屬溫縣。

〔2〕左通：人名。

戍卒賈通〔1〕　　　蛗矢六十☑
戍卒劉倉〔2〕　　　鍉矢〔3〕二、槀□☑
戍卒薛得赦〔4〕　　承弦二，完　　☑　　　　73EJT24：716

【集注】

〔1〕賈通：人名，為戍卒。

〔2〕劉倉：人名，為戍卒。

〔3〕鍉矢：「鍉」當通「鏑」。《漢書・項籍傳》：「收天下之兵聚之咸陽，銷鋒鍉鑄
　　以為金人十二，以弱天下之民。」顏師古注引如淳曰：「鍉音嫡，箭鏃也。」
　　顏師古曰：「鋒，戈戟刃也。鍉與鏑同，即箭鏃也。如音是也。」則鍉為箭頭，
　　鍉矢當為箭矢之一種。但其具體形制不明，待考。

〔4〕薛得赦：人名，為戍卒。

出錢四☑   73EJT24：717

石上〔1〕隧卒張青〔2〕   ☑   73EJT24：721

【集注】

〔1〕石上：隧名。

〔2〕張青：人名，為戍卒。

☑□北良里不更孫福〔1〕，年卅八   ☑   73EJT24：724

【集注】

〔1〕孫福：人名。

田卒大河郡東平陸陵里〔1〕朱市客〔2〕   ☑   73EJT24：725

【集注】

〔1〕陵里：里名，屬東平陸縣。

〔2〕朱市客：人名，為田卒。

候史江偃〔1〕   ☑   73EJT24：726

【集注】

〔1〕江偃：人名，為候史。

☑溫城阪〔1〕里張□☑   73EJT24：733

【校釋】

    未釋字姚磊（2017I1）補「調」。今按，補釋或可從，但圖版磨滅，不能辨識，當從整理者釋。

【集注】

〔1〕城阪：里名，屬溫縣。

☑□富昌〔1〕里閭丘勝〔2〕   劍一 馬一匹 ☑ 73EJT24：740

【集注】

〔1〕富昌：里名。

〔2〕閭丘勝：人名。

居延給事佐徐外人〔1〕　劍一☑　　　　　　　　　　　73EJT24：741

【集注】

〔1〕徐外人：人名，為給事佐。

士吏候長帛一匹三丈、布一匹一丈一尺四寸☑　　　　　73EJT24：744A
其四千六百八十不見及物故　☑　　　　　　　　　　　73EJT24：744B
布十三匹二丈，其五匹□定見八匹二丈　出二匹□取　☑　73EJT24：745A
□□□　☑　　　　　　　　　　　　　　　　　　　　73EJT24：745B

天水右□長勇士〔1〕公乘田奉☑　　　　　　　　　　73EJT24：746

【校釋】

　　未釋字何茂活（2016D）釋釋「庶」。今按，補釋或可從，但簡文磨滅不可辨識，暫從整理者釋。

【集注】

〔1〕勇士：趙海龍（2014D）：《漢書·地理志》記載有天水郡勇士縣，此條簡文應
　　為此，張俊民先生亦有所懷疑。
　　　　今按，其說或是。

☑□年三月辛卯，肩水東部候長憲〔1〕受庫庶士宣☑　　73EJT24：749+983

【校釋】

　　姚磊（2016H6）綴。

【集注】

〔1〕憲：人名，為東部候長。

戍卒梁國睢陽訾陽〔1〕里不更陳外人〔2〕，年卅五　　☑
　　　　　　　　　　　　　　　　　　　　　73EJT24：750+919

【校釋】

　　伊強（2014B）、何茂活（2016D）綴。「粱」原作「梁」，黃艷萍（2016B，122
頁）、（2018，135頁）釋。

【集注】

〔1〕訾陽：里名，屬睢陽縣。

〔2〕陳外人：人名，為戍卒。

☑□稽落〔1〕卒王騫〔2〕　☑　　　　　　　　　　73EJT24：751

【校釋】

「騫」字原作「鳶」，該字圖版作鳶形，其下部當從「馬」而非「鳥」。

【集注】

〔1〕稽落：當為隧名。

〔2〕王騫：人名，為戍卒。

☑不更黃意〔1〕，年廿六　庸同縣□☑　　　　　　73EJT24：752

【集注】

〔1〕黃意：人名。

☑淮陽長平□里陳東☑　　　　　　　　　　　　73EJT24：753

【校釋】

未釋字高一致（2014A）、（2016A，15 頁）補「粟」。今按，補釋或可從，但該字圖版漫漶不清，不能確知，當從整理者釋。

戍卒梁國睢陽宜受□☑　　　　　　　　　　　　73EJT24：754

【校釋】

「梁」原作「梁」，黃艷萍（2016B，122 頁）、（2018，135 頁）釋。

☑曲里賈利〔1〕　☑　　　　　　　　　　　　73EJT24：755

【集注】

〔1〕賈利：人名。

☑　∫　☑　　　　　　　　　　　　　　　73EJT24：756

鞫十石　☑　　　　　　　　　　　　　　　73EJT24：757

萬一千六百八十　☑　　　　　　　　　　　73EJT24：758

戍卒淮陽郡陳〔1〕陵里〔2〕士五袁猜〔3〕，年廿八☑　　　　　　73EJT24：760

【校釋】

「淮」字圖版作 ▨▨ 形，當為「睢」字，此處為或「淮」字誤書。

【集注】

〔1〕陳：淮陽郡屬縣，為郡治所在。《漢書・地理志下》：「陳，故國，舜後，胡公
　　　所封，為楚所滅。楚頃襄王自郢徙此。莽曰陳陵。」簡73EJT27：48又作「淮
　　　陽國陳」。

〔2〕陵里：里名，屬陳縣。

〔3〕袁猜：人名，為戍卒。

淮陽長平故陳〔1〕里陳當時〔2〕　　☑　　　　　　73EJT24：956+761

【校釋】

伊強（2016E，123頁）綴。

【集注】

〔1〕故陳：里名，屬長平縣。

〔2〕陳當時：人名。

☑殄虜〔1〕卒張畢〔2〕　　　　　　　　73EJT24：762

【集注】

〔1〕殄虜：當為隧名。

〔2〕張畢：人名。

☑□五　庸館里〔1〕讎廣德〔2〕☑　　　　　　73EJT24：765

【校釋】

田炳炳（2014E）綴合簡73EJT24：147和該簡，姚磊（2017B2）、（2018E，45
頁）認為不能綴合。今按，姚說是，兩簡形制、字體筆迹等不同，茬口處不能吻合，
明顯不能綴合。

【集注】

〔1〕館里：里名。

〔2〕讎廣德：人名。

大河郡瑕丘〔1〕直陽〔2〕里陶延〔3〕，年廿四☑　　　　　　　73EJT24：766

【集注】

〔1〕瑕丘：于豪亮（1981A，104頁）：按《漢書・地理志》東平國下云：「故梁國，
　　　景帝六年別為濟東國，武帝元鼎元年為大河郡，宣帝甘露二年為東平國。」所
　　　屬各縣無瑕丘，瑕丘在山陽郡。根據漢簡，瑕丘曾屬大河郡。其時應在甘露二
　　　年以前。

　　　　　　鄭威（2015，235頁）：瑕丘地在今山東兗州市新嶧鎮東頓村南500米處。

　　　　　　今按，諸說是。據《漢書・地理志》，瑕丘為山陽郡屬縣。據此簡則其曾
　　　屬大河郡。

〔2〕直陽：里名，屬瑕丘縣。

〔3〕陶延：人名。

☑□耳　輶車一乘、馬一☑　　　　　　　　　　　　　　　　　73EJT24：768

☑有方一　三石承☑　　　　　　　　　　　　　　　　　　　73EJT24：769

【校釋】

　　　姚磊（2016H7）、（2018E，22頁）綴合簡73EJT24：773和該簡。今按，兩簡
形制、字體筆迹似較一致，但由於兩簡拼合處茬口均十分平整，其綴合似尚有可疑
之處，暫不作綴合處理。

☑則受廣谷□☑　　　　　　　　　　　　　　　　　　　　　73EJT24：770

☑卒李赦之〔1〕　　☑　　　　　　　　　　　　　　　　　　73EJT24：773

【校釋】

　　　姚磊（2016H7）、（2018E，22頁）綴合該簡和簡73EJT24：769。今按，兩簡形
制、字體筆迹似較一致，但由於兩簡拼合處茬口均十分平整，其綴合似尚有可疑之
處，暫不作綴合處理。

【集注】

〔1〕李赦之：人名。

☑曲河環定　　☑　　　　　　　　　　　　　　　　　　　　73EJT24：774

☑☑☑武都〔1〕里張忘☑☑　　　　　　　　　　　　73EJT24：775

【校釋】

　　「武」前二字高一致（2014C）、（2016A，16頁）補釋「氏池」。今按，補釋或可從，但簡文殘斷，僅存少許筆畫，不能辨識，當從整理者釋。

【集注】

　〔1〕武都：里名。

☑愚士〔1〕卒蘇德☑　　　　　　　　　　　　　　73EJT24：777

【集注】

　〔1〕愚士：隧名。

石南〔1〕亭卒呂何齊☑　　　　　　　　　　　　　73EJT24：780

【校釋】

　　「石南」原作「□東」，黃浩波（2017B）釋。

【集注】

　〔1〕石南：亭名。

居延成勢〔1〕里☑　　　　　　　　　　　　　　　73EJT24：781

【集注】

　〔1〕成勢：里名，屬居延縣。

☑　十☑　　　　　　　　　　　　　　　　　　　73EJT24：782

累南〔1〕卒高縮☑　　　　　　　　　　　　　　　73EJT24：783

【集注】

　〔1〕累南：隧名。

☑□適卒田寬〔1〕　　☑　　　　　　　　　　　　73EJT24：787

【校釋】

　　簡首未釋字何茂活（2016D）補釋為「卻」。今按，補釋或可從，但該字圖版磨滅，不能確知，當從整理者釋。

【集注】

〔1〕田寬：人名，為戍卒。

☑彭常　輜車一乘、馬☑　　　　　　　　　　　　73EJT24：789

☑□來三石具弩一、今力三石　　　　　　　　　　73EJT24：792

樂哉〔1〕卒宋免〔2〕　有方☑　　　　　　　　　73EJT24：794

【集注】

〔1〕樂哉：隧名。

〔2〕宋免：人名，為戍卒。

☑□□溜南里士五張廣〔1〕，年廿六　庸同□☑　　73EJT24：796

【校釋】

　　簡首未釋字高一致（2014A）、（2016A，16頁）補釋「睢陽」。「溜」字何茂活（2016D）改釋作「澊」。今按，簡首未釋字補「睢陽」或可從，但該兩字圖版殘缺，不能確知，當從整理者釋。「溜」字圖版作🔲形，其右下部當非「白」字，整理者釋讀似有誤，但釋「澊」似亦不能十分肯定，存疑待考。

【集注】

〔1〕張廣：人名。

萬福〔1〕隧兵簿☑　　　　　　　　　　　　　　73EJT24：797

【集注】

〔1〕萬福：隧名。

☑□□□充，年廿四　☑　　　　　　　　　　　　73EJT24：798

☑薛充〔1〕年廿四　庸同☑　　　　　　　　　　73EJT24：799

【集注】

〔1〕薛充：人名。

☑馬一匹、輜一乘　☑　　　　　　　　　　　　　73EJT24：804

☑□年卅五　　☑　　　　　　　　　　　73EJT24：805

【校釋】

　　姚磊（2018A7）綴合簡 73EJT24：874+871 和該簡。今按，兩簡形制、字體筆迹較為一致，似可綴合，但茌□處不能十分密合，暫存以參考。

☑□千六百廿四　　　　　　　　　　　　73EJT24：806
☑年廿八　庸□☑　　　　　　　　　　　73EJT24：807
☑□虔弘，年廿五　　☑　　　　　　　　73EJT24：808

☑戍卒梁國睢陽牛□☑　　　　　　　　　73EJT24：811

【校釋】

　　「梁」原作「梁」，黃艷萍（2016B，122 頁）、（2018，135 頁）釋。簡末未釋字高一致（2014A）補「里」。今按，補釋或可從，但簡文殘斷，該字僅存少許筆畫，不能確知，當從整理者釋。

戍卒鉅鹿郡南䜌橫里〔1〕☑　　　　　　73EJT24：812

【集注】

　〔1〕橫里：里名，屬南䜌縣。

酒泉表是安都〔1〕里董之〔2〕　　牛車一兩，為䜌得□□☑　　73EJT24：814

【集注】

　〔1〕安都：里名，屬表是縣。
　〔2〕董之：人名。

䜌得安國〔1〕里朱長婦〔2〕　　☑　　　73EJT24：815

【集注】

　〔1〕安國：里名，屬䜌得縣。
　〔2〕朱長婦：人名。

☑□車一乘、馬二匹，七月出☑　　　　　73EJT24：819

莎亭〔1〕卒牙□☑　　　　　　　　　　　　　　73EJT24：822

【集注】

〔1〕莎亭：當為亭名。

驆北亭長□□☑　　　　　　　　　　　　　　73EJT24：823
☑□根　　☑　　　　　　　　　　　　　　　73EJT24：824
☑□年廿五，庸同縣☑　　　　　　　　　　　　73EJT24：825

☑睢陽務故〔1〕里不更☑　　　　　　　　　　73EJT24：826

【集注】

〔1〕務故：里名，屬睢陽縣。

☑不更程幼〔1〕，年☑　　　　　　　　　　　73EJT24：827

【集注】

〔1〕程幼：人名。

☑年卅九☑　　　　　　　　　　　　　　　　73EJT24：831
☑　　劍一　亅　　　　　　　　　　　　　　73EJT24：834

戍卒鉅鹿郡廣阿〔1〕秋華〔2〕里侯遂〔3〕　　☑　　73EJT24：836

【集注】

〔1〕廣阿：鉅鹿郡屬縣。

〔2〕秋華：里名，屬廣阿縣。

〔3〕侯遂：人名，為戍卒。

☑庸同縣北綏〔1〕里不更陳毋害〔2〕，年卅☑　　73EJT24：837

【校釋】

「綏」字原未釋，何茂活（2016D）釋。

【集注】

〔1〕北綏：里名。

〔2〕陳毋害：人名。

☑　有方一　　☑　　　　　　　　　　　　　　73EJT24：840

……安里原防☐☑　　　　　　　　　　　　　73EJT24：847

☑十一車十人　　☑　　　　　　　　　　　　73EJT24：848

昭武市陽〔1〕里大女☑　　　　　　　　　　　73EJT24：850

　【集注】

　　〔1〕市陽：里名，屬昭武縣。

出錢千，償董長卿〔1〕　　☑

出錢四百，以付多年歸予☑　　　　　　　　　73EJT24：851

　【集注】

　　〔1〕董長卿：人名，長卿為其字。

☑兩，劍一、循一　　　　　　　　　　　　　73EJT24：857

☑☐☐公乘虞賜〔1〕，年卅八　　☑　　　　　73EJT24：860

　【集注】

　　〔1〕虞賜：人名。

戍卒粱國睢陽長年〔1〕里公士高偃〔2〕，年廿五☑　73EJT24：861

　【校釋】

　　「粱」原作「梁」，黃艷萍（2016B，122 頁）、（2018，135 頁）釋。

　【集注】

　　〔1〕長年：里名，屬睢陽縣。

　　〔2〕高偃：人名，為戍卒。

河東楊徐德〔1〕，年卅四☑　　　　　　　　　73EJT24：863

　【集注】

　　〔1〕楊徐德：「楊」字後或脫「里」，楊里為里名，徐德為人名。

戍卒鉅鹿郡南☑　　　　　　　　　　　　　　73EJT24：864

☑卒樂國〔1〕　☑　　　　　　　　　　　　　　　　　73EJT24：866

【集注】

〔1〕樂國：人名，為戍卒。

廣地隧卒傅☑　　　　　　　　　　　　　　　　　　73EJT24：870

戍卒梁國睢陽董父里公士淳于□☑　　　　　　　　73EJT24：874+871

【校釋】

　　姚磊（2016H7）綴。又姚磊（2018A7）綴合該簡和簡 73EJT24：805。今按，兩簡形制、字體筆迹較為一致，似可綴合，但茬口處不能十分密合。

　　「梁」原作「梁」，黃艷萍（2016B，122 頁）、（2018，135 頁）釋。「董父」張俊民（2015A）釋「善丘」。今按，該兩字圖版分別作 、 形，從字形來看，似非「董父」，其中第二字更近於「丘」字，而第一字恐亦非「善」字，存疑待考。

☑□　牛車一兩　☑　　　　　　　　　　　　　　　73EJT24：875

☑平里簪褭虞廣〔1〕，年廿八　☑　　　　　　　　73EJT24：877

【集注】

〔1〕虞廣：人名。

☑更曹則〔1〕，年卅五　為□□☑　　　　　　　　73EJT24：878

【校釋】

　　簡末未釋第一字何茂活（2016D）補釋為「庸」。今按，補釋或可從，但圖版模糊，不能辨識，當從整理者釋。

【集注】

〔1〕曹則：人名。

☑□□昌不更陳☑　　　　　　　　　　　　　　　　73EJT24：879

戍卒魏☑　　　　　　　　　　　　　　　　　　　　73EJT24：881

戍卒梁國睢陽☑　　　　　　　　　　　　　　　　　73EJT24：882

【校釋】

「粱」原作「梁」，黃艷萍（2016B，122 頁）、（2018，135 頁）釋。

☑□年里不更張□☑　　　　　　　　　　　　　73EJT24：885

☑□廿五、黑色☑　　　　　　　　　　　　　　73EJT24：886

【校釋】

簡首未釋字葛丹丹（2019，1591 頁）作「年」。今按，其說當是，但該字大部分殘缺，暫從整理者釋。

累南〔1〕卒呂庿〔2〕　　　☑　　　　　　　73EJT24：887+909

【校釋】

姚磊（2017B4）綴，綴合後補「呂」字。

【集注】

〔1〕累南：當為隧名。

〔2〕呂庿：人名，為戍卒。

☑魋，年廿五　　☑　　　　　　　　　　　　73EJT24：888

戍卒粱國睢陽張里〔1〕☑　　　　　　　　　73EJT24：889

【校釋】

「粱」原作「梁」，黃艷萍（2016B，122 頁）、（2018，135 頁）釋。

【集注】

〔1〕張里：里名，屬睢陽縣。

戍卒□眾里李德〔1〕　　☑　　　　　　　　73EJT24：891

【集注】

〔1〕李德：人名，為戍卒。

☑□里簪裹王□☑　　　　　　　　　　　　　73EJT24：892

橐候長李定昌〔1〕私從者□□☑   73EJT24：896A
二月己未出　☑   73EJT24：896B

【集注】

〔1〕李定昌：人名，為候長。

河南郡河南縣東甘〔1〕里張☑   73EJT24：897

【集注】

〔1〕東甘：里名，屬河南縣。

☑有方一　☑   73EJT24：899

☑田卒粱國睢陽彭里〔1〕☑   73EJT24：901

【校釋】

「粱」原作「梁」，黃艷萍（2016B，122 頁）釋。

【集注】

〔1〕彭里：里名，屬睢陽縣。

番和脩禮〔1〕里鹿遂〔2〕　☑   73EJT24：902

【集注】

〔1〕脩禮：里名，屬番和縣。

〔2〕鹿遂：人名。

☑六石具弩一☑   73EJT24：905

長安驤里〔1〕□☑   73EJT24：907

【集注】

〔1〕驤里：里名，屬長安縣。

☑　庸竹里〔1〕☑   73EJT24：910

【集注】

〔1〕竹里：里名。

☑里莊虜〔1〕　☑　　　　　　　　　　　73EJT24：912

【集注】

〔1〕莊虜：人名。

☑陽里侯從〔1〕，年廿五　☑　　　　　　　73EJT24：920

【集注】

〔1〕侯從：人名。

河內郡溫曲陽〔1〕里程歲☑　　　　　　　73EJT24：922

【集注】

〔1〕曲陽：里名，屬溫縣。

☑成務卒李賜之☑　　　　　　　　　　　73EJT24：923
☑里孫推皆□☑　　　　　　　　　　　　73EJT24：924
☑矢五十　☑　　　　　　　　　　　　　73EJT24：926
出麥二石　☑　　　　　　　　　　　　　73EJT24：928
☑□五　☑　　　　　　　　　　　　　　73EJT24：929
☑庸同縣□　☑　　　　　　　　　　　　73EJT24：931
☑□車一□☑　　　　　　　　　　　　　73EJT24：933
☑□□隧卒索☑　　　　　　　　　　　　73EJT24：934

田卒粱國睢☑　　　　　　　　　　　　　73EJT24：935

【校釋】

「粱」原作「梁」，黃艷萍（2016B，122頁）、（2018，135頁）釋。

☑里王☑　　　　　　　　　　　　　　　73EJT24：936
☑□□□□☑　　　　　　　　　　　　　73EJT24：937

田卒粱國睢陽彭〔1〕☑　　　　　　　　　73EJT24：938

【校釋】

「粱」原作「梁」，黃艷萍（2016B，122頁）、（2018，135頁）釋。

【集注】

〔1〕彭：趙海龍（2014D）：筆者以為 73EJT24：938 所記載的「彭」或許即是「彭里」。今按，說是，簡 73EJT24：901 即有睢陽彭里。

☑更吳年〔1〕，年廿四　☑　　　　　　　　　　　　　　73EJT24：939

【集注】

〔1〕吳年：人名。

☑□袁外人〔1〕，年☑　　　　　　　　　　　　　　　　73EJT24：940

【集注】

〔1〕袁外人：人名。

☑□宜眾〔1〕里孫庚☑
☑子除　　☑　　　　　　　　　　　　　　　　　　　　73EJT24：941

【校釋】

　　姚磊（2017G6）綴合該簡和簡 73EJC：492。今按，兩簡茬口並不吻合，出土地亦不同，其綴合似尚有疑問。

【集注】

〔1〕宜眾：里名。

☑陽郡陽夏武成〔1〕里☑　　　　　　　　　　　　　　　73EJT24：943

【集注】

〔1〕武成：里名，屬陽夏縣。

肩水望城〔1〕□☑
本始二年☑　　　　　　　　　　　　　　　　　　　　　73EJT24：945

【校釋】

　　姚磊（2016H7）綴合該簡和簡 73EJT24：534。今按，兩簡茬口處恐不能密合，綴合後復原的「隧」字中間不完整，兩簡能否綴合尚有疑問。

【集注】

〔1〕望城：隧名。

☑□睢陽始成☑　　　　　　　　　　　　　73EJT24：946

☑戍卒梁國睢☑　　　　　　　　　　　　　73EJT24：947

【校釋】

「梁」原作「梁」，黃艷萍（2016B，122 頁）、（2018，135 頁）釋。

觻得成漢〔1〕里王年〔2〕　牛車一兩　　☑　　　73EJT24：951

【集注】

〔1〕成漢：里名，屬觻得縣。

〔2〕王年：人名。

☑　庸燊里〔1〕董齊〔2〕，年廿四　　☑　　　73EJT24：952

【集注】

〔1〕燊里：里名。

〔2〕董齊：人名。

☑卒東郡東阿牛里〔1〕孫望之〔2〕☑　　　73EJT24：953

【集注】

〔1〕牛里：里名，屬東阿縣。

〔2〕孫望之：人名，為戍卒。

就人京兆尹長安富昌〔1〕里大夫富充〔2〕，年卅五☑　73EJT24：954

【集注】

〔1〕富昌：里名，屬長安縣。

〔2〕富充：人名，為僦人。

出麥六斗六升，以食罷田卒病留□☑　　　73EJT24：957

☑　牛車一兩　☑　　　　　　　　　　　73EJT24：958

☑小二斛二斗　☑　　　　　　　　　　　73EJT24：959

稽北〔1〕亭卒武宗〔2〕　　☑　　　　　73EJT24：960

【集注】

〔1〕稽北：亭名。

〔2〕武宗：人名，為戍卒。

☐☐矢七百卌　☐　　　　　　　　　　　　　　　73EJT24：962

☐☐☐隧里弘勝之〔1〕　牛車一兩☐　　　　　　　73EJT24：963

【集注】

〔1〕弘勝之：人名。

鱳得復作驪靬當利〔1〕里馮奉世〔2〕　☐　　　　73EJT24：964

【集注】

〔1〕當利：里名，屬驪靬縣。

〔2〕馮奉世：人名。

勝之〔1〕卒王道人〔2〕　☐　　　　　　　　　73EJT24：965

【集注】

〔1〕勝之：當為隧名。

〔2〕王道人：人名，為戍卒。

戍卒淮陽郡陳作氾〔1〕里士五陳常☐　　　　　　73EJT24：966

【集注】

〔1〕作氾：里名，屬陳縣。

大婦利里　☐　　　　　　　　　　　　　　　　73EJT24：967

大河郡任城〔1〕河陽〔2〕里淳于遂成〔3〕，年卅四　☐　73EJT24：968

【集注】

〔1〕任城：據《漢書·地理志》，任城為東平國屬縣。東平國武帝元鼎元年為大河
　　郡，宣帝甘露二年為東平國。

〔2〕河陽：里名，屬任城縣。

〔3〕淳于遂成：人名。

倉南〔1〕卒靳祖〔2〕　　☑　　　　　　　　　　73EJT24：969

【集注】

〔1〕倉南：當為隧名。

〔2〕靳祖：人名，為戍卒。

田卒梁國睢陽富樂〔1〕里龔根〔2〕，年廿五　庸樂陽☑　　73EJT24：970

【校釋】

「梁」原作「梁」，黃艷萍（2016B，122 頁）、（2018，135 頁）釋。

【集注】

〔1〕富樂：里名，屬睢陽縣。

〔2〕龔根：人名，為田卒。

☑梁國睢陽道里〔1〕不更董蘭〔2〕，年廿五　　☑　　73EJT24：971

【集注】

〔1〕道里：里名，屬睢陽縣。

〔2〕董蘭：人名。

☑更晉廣〔1〕，年卅二　　☑　　　　　　　　73EJT24：972

【集注】

〔1〕晉廣：人名。

候長安國六月食以□丁子方　六月□□□☑　　　73EJT24：978

入雞子十　十☑　　　　　　　　　　　　　　73EJT24：980

☑□小石卅五石，輸居延　　　　　　　　　　73EJT24：981

☑劍一　卩☑　　　　　　　　　　　　　　　73EJT24：982

☑三石弩一　☑

☑槀矢五十　☑　　　　　　　　　　　　　　73EJT24：985

☑□年卅五　☑　　　　　　　　　　　　　　73EJT24：986

利上〔1〕里徐富□☑　　　　　　　　　　　　73EJT24：987

【集注】

〔1〕利上：里名。

☑ 牛一、車一兩☑ 73EJT24：988

戍卒淮陽郡陳大楊〔1〕里不更☑ 73EJT24：990

【集注】

〔1〕大楊：里名，屬陳縣。

☑□□□騎士□喜里□幼都□

□□☑

☑麥小石卅五石，輸居延 73EJT24：999

☑劍一

☑刀一 73EJT24：1002

☑刀劍各一 73EJT24：1003

☑劍一 73EJT24：1005

☑ 皆五月癸酉入關 73EJT24：1006

肩水金關 T25

十一月丁卯出 73EJT25：2

河南穀成長陽〔1〕里大夫師逢〔2〕，年卅、長七尺二寸、黑色，牛車一兩，鐖、
楯各一 刀 73EJT25：5

【校釋】

　　「穀」黃艷萍（2016B，137 頁）認為當作「勃」，此處為「穀」之訛寫。今按，
其說當是。該字作 勃 形，應為「穀」字誤書。

【集注】

〔1〕長陽：里名，屬穀成縣。

〔2〕師逢：人名。

居延里始至〔1〕里公士王奴〔2〕，年廿五、長七尺、黑色刀 屬車一乘、馬一
匹，弩一、矢五十刀☑ 73EJT25：9

【校釋】

　　「居延里」的「里」字當為原簡書寫時衍。

【集注】

〔1〕始至：里名，屬居延縣。

〔2〕王奴：人名。

見菱五萬四千九百七十三石一鈞廿八斤（上）

其二千一百五十五十二石二鈞廿斤，積□□□食

五萬二千石三鈞八斤，□食（下）　　　　　　　　　73EJT25：10

從者濟陰都關〔1〕樂里〔2〕公乘行博德〔3〕，年卌、長七尺三寸、黑色　閏月

丙辰入　鑣一　　　　　　　　　　　　　　　　　　73EJT25：11

【集注】

〔1〕都關：都關《漢書・地理志》屬山陽郡。據此簡則其曾屬濟陰郡。

〔2〕樂里：里名，屬都關縣。

〔3〕博德：人名，為從者。

梁國卒千九十五人戍張掖郡，會甘露三年六月朔日　四千五百九里☑

　　　　　　　　　　　　　　　　　　　　　　　　73EJT25：86+17

【校釋】

姚磊（2017A1）綴。「梁」原作「梁」，黃艷萍（2016B，122頁）、（2018，135頁）釋。

居延獄史徐偃□　　☑　　　　　　　　　　　　　　73EJT25：19

戍卒濟陰乘氏敬事〔1〕里公乘斬成〔2〕　　亅☑　　　73EJT25：20

【集注】

〔1〕敬事：里名，屬乘氏縣。

〔2〕斬成：人名，為戍卒。

☑積薪三　表二
☑駒薪三
☑……　　　　　　　　　　　　　　　　　　　　　73EJT25：22
☑馬一匹　☑　　　　　　　　　　　　　　　　　　73EJT25：24

☑□期里女子聊藜〔1〕，年卅☑　　　　　　　　　73EJT25：25

【集注】

〔1〕聊藜：人名。

子惠大奴多☑　　　　　　　　　　　　　　　　　73EJT25：26

☑秩候長公乘黃文之〔1〕。劍☑（削衣）　　　　　73EJT25：39

【集注】

〔1〕黃文之：人名，為候長。

居延甲渠塞尉從史居延萬歲〔1〕里張常富〔2〕，年廿一　長七尺五寸、黑色

　　　　　　　　　　　　　　　　　　　　73EJT25：43+191

【校釋】

何茂活（2015H）綴。

【集注】

〔1〕萬歲：里名，屬居延縣。

〔2〕張常富：人名，為從史。

　　　　賦錢六百　　□□錢

出　　　　　　　　　　　　　神爵☑

　　　以給候史莊尊〔1〕四月奉　　　　　　　　73EJT25：45

【集注】

〔1〕莊尊：人名，為候史。

☑　弩一、矢卅

☑　劍一　　　　　　　　　　　　　　　　　　73EJT25：48

☑令史氏池充郭〔1〕里公乘石彭祖〔2〕，年卅六　☑　73EJT25：49

【校釋】

姚磊（2019D1）綴合簡73EJT27：72和該簡。今按，兩簡茬口不能密合，且出土於不同探方，或不可綴合。

【集注】

〔1〕充郭：里名，屬氐池縣。

〔2〕石彭祖：人名，為令史。

居延都尉守屬奉〔1〕，年卅九、長七尺二☑　　　　　　73EJT25：50

【集注】

〔1〕奉：人名，為守屬。

當遂〔1〕隧卒賈遠〔2〕　　☑　　　　　　73EJT25：51

【校釋】

　　「遠」字高一致（2016A，17頁）釋「壴」，姚磊（2017D4）認為當從整理者釋。今按，該字圖版作 ▨ 形，釋「壴」非，整理者釋讀不誤。

【集注】

〔1〕當遂：隧名。

〔2〕賈遠：人名，為戍卒。

☑　∫　劍一　　　　　　73EJT25：52

居延誠勢〔1〕里公大夫蔡午〔2〕，年廿歲、長七尺二寸、黑色　　☑

73EJT25：55

【集注】

〔1〕誠勢：里名，屬居延縣。

〔2〕蔡午：人名。

☑　官弩八、矢三百廿

☑　官弓十二、矢二百卌

☑　私弓五、矢百五十

☑　官劍七　　　　　　73EJT25：56

☑　六月己卯入　　　　　　73EJT25：58

☑弩一、矢廿四　正月己丑出　　　　　　73EJT25：61

☑□明里范聖〔1〕　　☑　　　　　　　　　　　　　　　73EJT25：62

【集注】

〔1〕范聖：人名。

□□□□居延利上〔1〕里晏買奴〔2〕　　劍一　Ｓ　☑　　　73EJT25：63

【集注】

〔1〕利上：里名，屬居延縣。

〔2〕晏買奴：人名。

☑七尺二寸、黑色卩☑　　　　　　　　　　　　　　　　73EJT25：64

　　　　　常韋〔1〕一□☑
☑布袍一領
　　　　　犬絑一兩☑　　　　　　　　　　　　　　　　73EJT25：66

【校釋】

第三行「絑」字原作「絑」，其當從「末」，據改。

【集注】

〔1〕常韋：陳直（2009，382 頁）：《急就篇》云「常韋不借為牧人。」是以常韋與不借連稱。《鹽鐵論·散不足篇》云：「麤菲草芰，縮絲尚韋而已。」亦以常韋與草履並稱，則常韋為草履之類無疑。顏師古注《急就篇》，以常韋或作尚韋，解作下韋曰裳之衣服誤矣。

　　沈元（1962，77 頁）：漢簡中戍卒的衣物籍上常見「尚韋」一詞，有人釋尚為裳，釋韋為臂韝，但《急就篇》：「尚韋不借為牧人，完堅耐事逾比倫，屐屬絉麤贏篓貧，旃裘索擇蠻夷民」，尚韋與不借、屐屬、絉、麤、索擇屬於一部，都是履名，顯然尚韋也是履的一種；再證以《鹽鐵論·散不足》：「古者庶人鹿菲草芰，縮絲尚韋而已，及其後則綦下不借，鞔鞮革舄」，尚韋也與履類相比，可見尚韋為一種履名無疑。

　　李均明（1981，60 頁）：尚韋，漢簡中常作「常韋」。皇象本《急就篇》「裳韋不借為牧人」，葉本裳作尚。裳韋的韋字古籍多寫作「幃」或「褘」。《國語·鄭語》「王使婦人不幃而噪之」，韋注「裳正幅曰幃」。又稱為「韠」，《釋名·釋衣服》：「韠，所以蔽膝前也，婦人蔽膝亦如之。」現在稱為圍裙或圍腰。

　　裘錫圭（1983，102頁）：顏師古《急就篇》注謂「裳韋，以韋為裳也」，似是臆測之辭。漢簡尚韋或以「兩」計，與鞮、襪及褲同，可證顏說之誤。沈元《「急就篇」研究》因《急就篇》中與「尚韋」同章者多為履名，《鹽鐵論・散不足》亦以尚韋「與履類相比」，認為「尚韋是一種履名無疑」。今案《鹽鐵論・散不足》謂「古者庶人鹿（麤？）菲草芰，縮絲尚韋而已」，「尚韋」與「縮絲」為對文。故知「尚韋」一詞中的「尚」字本取其動詞義，當是「加上」之意；「韋」字本取其韋革之義。由此推測，尚韋似是加在鞮襪上防灒的皮罩，故每與鞮襪之類並提，並可以「兩」計。此物今日仍有用之者。

　　于豪亮（1983，92～93頁）：常韋古代稱為袚，又稱褘，現在則稱之為圍裙。

　　中國簡牘集成編輯委員會（2001H，130頁）：常韋一兩，一種皮繩。

　　陳練軍（2003，65頁）：「常韋」就是「裳韋」，即做下裙用的皮革。

　　王貴元（2014，114頁）：「常韋」當是綁腿……常韋即作為裳的韋，也即作為下衣的柔皮。

　　蕭旭（2019，160頁）：尚韋，即釘皮、縫皮，指給鞋子釘皮底。漢簡中的「尚（常）韋」則作名詞用，指釘皮底的鞋子；詞義擴大，亦可泛指皮靴。

　　今按，常韋漢簡又作尚韋，關於其含義，蕭旭所說甚是。「尚（常）韋」即「鞴韋」，漢簡中的「尚（常）韋」應指釘皮底的鞋子。

☑☑☑十☑十六☑☑	73EJT25：70A
☑☑六枚　八月己酉，泭出　☑	73EJT25：70B
☑　輂車一乘☑	73EJT25：73

```
　　　　　　　　六月壬辰出☑
☑色　牛一車兩
　　　　　　　　八月乙酉入☑                    73EJT25：75
☑　九月☑                                    73EJT25：76

☑彡　士吏福橐〔1〕                           73EJT25：77
```

【集注】

〔1〕福橐：人名，為士吏。

袍一領，直六百　出錢廿四，菱卅束　出☑

□□一領□□□　□□□□□□□　　□□☑　　　　73EJT25：79A

（圖畫）☑　　　　　　　　　　　　　　　　　73EJT25：79B

☑　三月丙午□☑　　　　　　　　　　　　　　73EJT25：81

田卒濟陰郡☑　　　　　　　　　　　　　　　　73EJT25：83

田卒濟陰郡定陶宜慶〔1〕里大夫陳……長七尺二寸、黑☑　73EJT25：137

田卒濟陰郡定陶西牢〔2〕里大夫王廣〔3〕，年廿八　長七尺二寸、黑色　∫☑
　　　　　　　　　　　　　　　　　　　　　　73EJT25：162

田卒濟陰郡定陶西洲〔4〕里大夫陳☑　　　　　　73EJT25：164

【校釋】

　　以上四枚簡趙爾陽（2019，162頁）認為都是濟陰郡定陶籍田卒出入名籍簡，書寫筆迹相似，風格一致，當可編連。今按，說是。以上四簡當原屬同一簡冊，可編連。

【集注】

〔1〕宜慶：里名，屬定陶縣。

〔2〕西牢：里名，屬定陶縣。

〔3〕王廣：人名，為田卒。

〔4〕西洲：里名，屬定陶縣。

☑□六斗六升大・後折二斗四升☑　　　　　　　73EJT25：85

卒史孫畢〔1〕　　☑　　　　　　　　　　　　　73EJT25：88

【集注】

〔1〕孫畢：人名，為卒史。

戍卒魏郡元城邑〔1〕多禾〔2〕里大夫鄭☑　　　73EJT25：89

【集注】

〔1〕元城邑：中國簡牘集成編輯委員會（2001H，139頁）：漢縣名，治今河北省大名縣東。簡文富平侯之上，當為平原郡。漢昭帝元鳳六年張安世封為富平侯。

　　　　李迎春（2014A，101 頁）：張安世的富平侯國在宣帝前期既有位於陳留尉
氏的本國，又領有別邑魏郡元城……一、富平侯國在魏郡之別邑確為「元城」；
二、元城稱「邑」僅在宣帝中前期，此例可作為簡牘斷代依據；三、漢代作為
行政區劃之「邑」除可作為皇太后、皇后、公主封地外，還可作為列侯所領之
「別邑」。

　　　　鄭威（2015，234 頁）：據上文可知，元城邑為富平侯之別邑。

　　　　今按，諸說多是。元城為魏郡屬縣，居延新簡 EPT51：533 號簡作「☑郡
富平侯元城邑安昌里王青☑」。元城邑為富平侯國在魏郡之別邑。

〔2〕多禾：里名，屬元城邑。

河東解亭〔1〕長棄世〔2〕，年卅七　　☑　　　　　　　　　　　73EJT25：90

【集注】

〔1〕解亭：亭名。

〔2〕棄世：人名，為亭長。

戍卒淮陽郡固始南高〔1〕里不更宋猜〔2〕，年廿四　　☑（削衣）
　　　　　　　　　　　　　　　　　　　　　　　　　　　　73EJT25：91

【集注】

〔1〕南高：里名，屬固始縣。

〔2〕宋猜：人名，為戍卒。

櫟得千秋〔1〕里上造尹賢☑　　　　　　　　　　　　　　　　73EJT25：92

【集注】

〔1〕千秋：里名，屬櫟得縣。

☑藥橐三、各三枚，直五十　　□　　　　　　　　　　　　　73EJT25：93

河東臨汾南署〔1〕里董溫☑　　　　　　　　　　　　　　　　73EJT25：94

【集注】

〔1〕南署：里名，屬臨汾縣。

☑張胙〔1〕，年卌二、長七尺二寸　閏☑　　　　　　　73EJT25：95

【集注】

〔1〕張胙：人名。

☑祿福字里〔1〕博通〔2〕　　☑　　　　　　　　　　73EJT25：97

【集注】

〔1〕字里：里名，屬祿福縣。

〔2〕博通：人名。

☑廣地伏之〔1〕隧長勒登〔2〕七月奉　　☑　　　　　73EJT25：98

【集注】

〔1〕伏之：隧名。

〔2〕勒登：人名，為伏之隧長。

潁川郡陽翟畸里〔1〕召☑　　　　　　　　　　　　　73EJT25：99

【集注】

〔1〕畸里：里名，屬陽翟縣。

☑二月完兵四時出入簿☑　　　　　　　　　　　　　73EJT25：100

居延故卒史苑美〔1〕　　□☑　　　　　　　　　　　73EJT25：101

【集注】

〔1〕苑美：人名，為卒史。

☑牛一，黃牝、齒十歲、久右□☑　　　　　　　　　73EJT25：102

【校釋】

　　「久」原未釋，高一致（2014B）、何茂活（2016E，191頁）釋。又簡末未釋字高一致（2014B）補釋釋「面」。今按，該字圖版作▨形，似非「面」字，「灸面」於文義亦不當。

河內郡溫孔里〔1〕張已〔2〕　　☑　　　　　　　　　73EJT25：103

【集注】

〔1〕孔里：里名，屬溫縣。

〔2〕張已：人名。

完城旦大男呂柯〔1〕　　☑　　　　　　　　　　　73EJT25：104

【集注】

〔1〕呂柯：人名，為完城旦。

從者酒泉祿福定武〔1〕里楊宗〔2〕　　☑　　　　　73EJT25：106

【集注】

〔1〕定武：里名，屬祿福縣。

〔2〕楊宗：人名，為從者。

屋蘭丞社長樂　　☑　　　　　　　　　　　　　　73EJT25：107

☑□卅歲、長七尺五寸、黑色，弓一、矢卅　牛車一兩☑　73EJT25：109

☑　　以稟戍卒□☑　　　　　　　　　　　　　73EJT25：110

淳永千九百七十九　　　丶　☑　　　　　　　　　73EJT25：112

居延鰈得里公乘趙兵〔1〕　　☑　　　　　　　　　73EJT25：113

【集注】

〔1〕趙兵：人名。

雒陽利長〔1〕里大夫韓贛〔2〕，年廿八歲、長七☑　　73EJT25：159+116

【校釋】

何茂活（2015H）綴。

【集注】

〔1〕利長：里名，屬雒陽縣。

〔2〕韓贛：人名。

☑　牛車一兩，劍盾一　　　　　　　　　　　　　　73EJT25：117

☑里公乘朱得〔1〕，年五十七、長七尺二寸、黑色☑　　　73EJT25：119

【集注】

〔1〕朱得：人名。

居延卅井候從史□☑　　　　　　　　　　　　　　　73EJT25：120

觻得千秋〔1〕里薛□☑　　　　　　　　　　　　　　73EJT25：125

【集注】

〔1〕千秋：里名，屬觻得縣。

光子小女□☑　　　　　　　　　　　　　　　　　　73EJT25：126

□□上里段巍〔1〕，年廿八　　　☑　　　　　　　　73EJT25：127

【校釋】

　　「巍」字原作「魏」，高一致（2014B）、（2016A，18頁），黃艷萍（2016B，137頁）、（2018，137頁）釋。該字圖版作 形，下部從「山」，當釋為「巍」。

　　又未釋字高一致（2014B）、（2016A，18頁）補「扶溝」。今按，補釋或可從，但簡首文字磨滅，不能辨識，當從整理者釋。

【集注】

〔1〕段巍：人名。

橐佗尉史□□☑　　　　　　　　　　　　　　　　　73EJT25：129

逆寇〔1〕隧宗廣□☑　　　　　　　　　　　　　　　73EJT25：130

【集注】

〔1〕逆寇：隧名。

第廿九□長丁□　月□☑　　　　　　　　　　　　　73EJT25：131

☑□□□□閏月己巳入　　☑　　　　　　　　　　　73EJT25：132

戍卒趙國邯鄲樂中〔1〕里樂彊□☑　　　　　　　　　73EJT25：133

【集注】

〔1〕樂中：里名，屬邯鄲縣。

☑居延鞮汗〔1〕里公乘李當時〔2〕，年廿九　長七尺□☑　73EJT25：134

【集注】

〔1〕鞮汗：里名，屬居延縣。

〔2〕李當時：人名。

☑□喜，輨車一乘，持白牡馬一匹☑　　　　　　　　73EJT25：136

【校釋】

　　　　「馬」字原未釋。該字圖版作▨，墨色較淡，但可以看出其當是「馬」。「馬」字金關漢簡中常作▨（73EJT1：6）、▨（73EJT6：134）等形，可以參看。該簡為出入關的記錄，「白牡馬一匹」是說白色公馬一匹。相似文例漢簡習見，例多不舉。

☑　　長六尺、黑色，劍一　　正□☑　　　　　　　　73EJT25：138

觻得當利〔1〕里小女相☑　　　　　　　　　　　　　73EJT25：140

【集注】

〔1〕當利：里名，屬觻得縣。

蜀郡〔1〕……三……黑色　字長伯　牛車一兩、弩☑　73EJT25：142

【集注】

〔1〕蜀郡：《漢書·地理志上》：「蜀郡，秦置。有小江入，并行千九百八十里。《禹貢》桓水出蜀山西南，行羌中，入南海。莽曰導江。屬益州。」

□□里大夫姚光〔1〕，年十五、長七尺……☑　　　　73EJT25：145

【集注】

〔1〕姚光：人名。

☑戍卒睢陽馳☑☑   73EJT25：146

☑……☑

☑……自取☑   73EJT25：147

☑長六尺八寸、黑色　十二月乙丑出　　☑   73EJT25：148

任城山陰〔1〕里☑☑   73EJT25：150A

掖掖掖掖☑☑   73EJT25：150B

【集注】

〔1〕山陰：里名，屬任城縣。

☑市陽〔1〕里趙翁稺〔2〕☑   73EJT25：154

【集注】

〔1〕市陽：里名。

〔2〕趙翁稺：人名。

河南故市〔1〕……蘇☑，年廿九、長七……閏月己巳入　牛車一兩　　☑

　　　　　　　　　　　　　　　　　73EJT25：244+243+157

【校釋】

　　簡 73EJT25：244+243 何茂活（2015H）、（2016E，192 頁）綴。姚磊（2019D1）

又綴簡 73EJT25：157。「市」後高一致（2014C）、（2016A，18 頁）補一「樂」字。

今按，補釋或可從，但簡文漫漶不清，不能辨識，當從整理者釋。

【集注】

〔1〕故市：據《漢書·地理志》，故市為河南郡屬縣。

☑受麥大石九石二斗四升☑   73EJT25：161

【校釋】

　　「受麥」原未釋，何茂活（2016E，191 頁）釋。

☑色　十二月庚☑入……出☑   73EJT25：165

☑侯武，年廿三、長七尺二寸☑   73EJT25：167

☑輜車一乘、馬一匹☑　　　　　　　　　　　　　73EJT25：168

冠軍邑安甯〔1〕里張輔〔2〕，年卅☑　　　　　　73EJT25：171

【集注】

〔1〕安甯：里名，屬冠軍邑。

〔2〕張輔：人名。

趙貂〔1〕─────────十───────一☑
宋午〔2〕─────────十─────────☑
────────十──────────　☑　　73EJT25：172

【集注】

〔1〕趙貂：人名。

〔2〕宋午：人名。

☑　牛二、車一兩　十一月丁卯出　　　　　　　　73EJT25：173
☑□　長七尺三寸、黑色□☑　　　　　　　　　　73EJT25：180

☑□萬歲〔1〕里徐☑　　　　　　　　　　　　　　73EJT25：181

【集注】

〔1〕萬歲：里名。

☑黑色　已出卩　　　　　　　　　　　　　　　　73EJT25：182

☑廣地石北〔1〕隧長董青得〔2〕☑　　　　　　　73EJT25：184

【集注】

〔1〕石北：隧名。

〔2〕董青得：人名，為石北隧長。

　　　三丈　二丈☑
☑□　二丈　二丈☑
　　　四丈　二丈☑　　　　　　　　　　　　　　73EJT25：190

☑□昌隧長毛光〔1〕七月食丿　　　　　　　　　　　　　73EJT25：192

【集注】

〔1〕毛光：人名，為隧長。

　　　　　　　　　　　　……☑
☑居延尉史安國〔1〕　　ʃ

　　　　　　　　　馬二匹□☑　　　　　　　　　　　　73EJT25：196

【集注】

〔1〕安國：人名，為尉史。

☑劍一、弩一、矢五十　　　　　　　　　　　　　　　　73EJT25：197
□□一領　　□□□
皁袍一領　　皁布單衣一　　　　　　　　　　　　　　73EJT25：198
☑□□春里大夫□□，年☑　　　　　　　　　　　　　73EJT25：205
☑尺二寸、黑色　　丿　　　　　　　　　　　　　　　73EJT25：206
出羊空□☑　　　　　　　　　　　　　　　　　　　　73EJT25：208
☑　　ʒ　　　　　　　　　　　　　　　　　　　　　73EJT25：210
☑□矢十二　　卩　　　　　　　　　　　　　　　　　73EJT25：216
☑　　卩　　　　　　　　　　　　　　　　　　　　　73EJT25：221

溫豪上〔1〕里公乘□☑　　　　　　　　　　　　　　73EJT25：227

【集注】

〔1〕豪上：里名，屬溫縣。

☑月食　　☑　　　　　　　　　　　　　　　　　　73EJT25：228

☑公乘郭毋□，年廿四　　☑　　　　　　　　　　　73EJT25：231

【校釋】

　　未釋字高一致（2014C）認為或是「咎」之異構。今按，說或是，該字圖版作
[字形]形，下部似作「咎」形。

☑士吏昌〔1〕付候史王弘〔2〕　☑　　　　　　73EJT25：234

【集注】

〔1〕昌：人名，為士吏。

〔2〕王弘：人名，為候史。

☑　劍一☑　　　　　　　　　　　　　　73EJT25：237

☑　省卒九人

☑　其一人養

☑　一人病

☑　定作七人　　　　　　　　　　　　73EJT25：241

☑不更張眾〔1〕，年□□　☑　　　　　73EJT25：242

【集注】

〔1〕張眾：人名。

肩水金關 T26

☑□谷隧卒比毋故〔1〕　病　養　養　□　養　☑　　73EJT26：4

【集注】

〔1〕比毋故：人名，為戍卒。

蒙城中〔1〕芮係〔2〕　Ｊ　　　　　　73EJT26：7

【集注】

〔1〕城中：趙海龍（2014D）：蒙縣《漢書・地理志》屬梁國，漢簡中記載戍卒信息
　　　一般為「縣名+里名」，則「城中」應為里名。

　　　　今按，其說當是。城中為里名，屬蒙縣。

〔2〕芮係：人名。

☑□三……令史齊〔1〕、卒張外人〔2〕　　　73EJT26：8

【校釋】

　「齊卒」原作「信□」，高一致（2014B）、（2016A，19頁），何茂活（2016E，

192 頁）釋。又「令史」前高一致（2014B）、（2016A，19 頁）補「第五」。今按，補釋或可從，但圖版磨滅不能確知，暫從整理者釋。

【集注】

〔1〕齊：人名，為令史。

〔2〕張外人：人名，為卒。

田卒淮陽郡新平〔1〕景里〔2〕上造高千秋〔3〕，年廿六　取甯平馱里〔4〕上造胡
舒〔5〕，年廿四，為庸　乚　　　　　　　　　　　　　　　　　　73EJT26：9

【校釋】

「甯」原作「寧」，「舒」原作「部」，何茂活（2016E，192 頁）釋。

【集注】

〔1〕新平：淮陽郡屬縣。

〔2〕景里：里名，屬新平。

〔3〕高千秋：人名，為田卒。

〔4〕馱里：里名，屬甯平縣。

〔5〕胡舒：人名。

　　　　　　　　　　單衣一領
戍卒……里徐年〔1〕　　　　　　□□□乚
　　　　　　　　綺一　　　　　　　　　　　　　　　　　　　　　73EJT26：10

【集注】

〔1〕徐年：人名，為戍卒。

牛一，黃涂犄、白口腹下、左斬、齒七歲、絜八尺　第八百九十二人　元鳳四
年閏月丙申，守農令久左尻，以付第五令史齊〔1〕、卒張外人〔2〕

　　　　　　　　　　　　　　　　　　　　　　　　　　　　　　73EJT26：13

【校釋】

黃艷萍（2015B）認為元鳳四年無閏月，該簡「元鳳四年閏月」或有誤。羅見今、關守義（2015）亦指出據陳表，元鳳四年（前 77）非閏年。並認為該簡圖版字跡可辨，釋文正確，此閏存疑，留以待考。今按，諸說是。原簡或書寫有誤。

【集注】

〔1〕齊：人名，為第五令史。

〔2〕張外人：人名，為卒。

牛一，黑犗涂頭、左斬、齒七歲、絜八尺五寸　　角第千一百卅三□□白馬

73EJT26：14

【校釋】

　　「馬」原作「虎」，何茂活（2016E，193 頁）釋。又未釋字張俊民（2015A）補釋作「名曰」。今按，補釋可從，但圖版字迹磨滅，不能確知，暫從整理者釋。

入七稷布二千七百九十七匹九尺六寸五分，直六十萬八千四百　　率匹二百一十七錢五分

73EJT26：23

☒　一日用食一斗八升

73EJT26：245+26

【校釋】

　　姚磊（2017F6）綴，「一斗」的「一」原未釋，綴合後釋。

從者昌爵昌〔1〕，袍、襲各一領，錢百，米

73EJT26：28

【集注】

〔1〕昌爵昌：從文例來看，當為某從者的名字。

☒漢里徐強〔1〕　本始二年三月甲午〔2〕除　見

73EJT26：33

【集注】

〔1〕徐強：人名。

〔2〕本始二年三月甲午：本始，漢宣帝劉詢年號。據徐錫祺（1997，1539 頁），本始二年三月丙戌朔，九日甲午，為公曆公元前 72 年 4 月 6 日。

治渠卒河東安邑陵里〔1〕公乘垣賀〔2〕，年卅三　　☒

73EJT26：34

【集注】

〔1〕陵里：里名，屬安邑縣。

〔2〕垣賀：人名，為治渠卒。

河內溫中侍〔1〕里汪罷軍〔2〕，年卅八、字君長　乘方相車，驪牡馬一匹、齒
十五　八月辛卯入　　　　　　　　　　　　　　　　73EJT26：35

【集注】

〔1〕中侍：里名，屬溫縣。

〔2〕汪罷軍：人名。

☑鄭業〔1〕，年六十二　乘方箱一，乘驪牡馬一匹、齒十八歲　入　字長賓，
二月庚子　　　　　　　　　　　　　　　　　　　73EJT26：36

【校釋】

「賓」字原作「實」，該字圖版作🖾，當為「賓」字。姚磊（2019D1）綴合簡
73EJT26：75 和該簡。今按，兩簡或可綴合，但茬口處似不能密合。

【集注】

〔1〕鄭業：人名，字長賓。

■右增山〔1〕隧卒四人　　　　　　　　　　　　73EJT26：37

【集注】

〔1〕增山：隧名。

綦毋故〔1〕　新　厶　厶　丿　丿　　　　　　　73EJT26：38

【集注】

〔1〕綦毋故：人名。

沙頭〔1〕隧長虞明〔2〕　毌奉未出　　　　　　73EJT26：39

【集注】

〔1〕沙頭：隧名。

〔2〕虞明：人名，為沙頭隧長。

卒孫義〔1〕　二　二　八　三　　　　　　　　　73EJT26：41

【集注】

〔1〕孫義：人名。

毋適〔1〕隧蘭柱〔2〕　☑　　　　　　　　　　　　73EJT26：43

【集注】

〔1〕毋適：何茂活（2017C，134 頁）：毋適，即無敵。

今按，說是。毋適為隧名。

〔2〕蘭柱：當為人名。

觻得定利〔1〕里公乘樂護〔2〕，年卅七　長七尺五寸、黑色　☑

73EJT26：46

【集注】

〔1〕定利：里名，屬觻得縣。

〔2〕樂護：人名。

☑□虜隧□□　丿　馬　　　　　　　　　　　　73EJT26：48

☑□里孫□，年卅五　☑　　　　　　　　　　73EJT26：49

四人身〔1〕　☑

·右第十車十人

六庸　☑　　　　　　　　　　　　73EJT26：51

【集注】

〔1〕身：凌文超（2017，90 頁）：謹記錄戍卒的即所謂「身」，「身」指本人充任戍
卒者；而連記戍卒與庸的則只按「庸」結計，「庸」為代役之人。本應戍邊的
戍卒出錢假人自代後，其本人留在本籍，「庸」則實際前往戍邊。

今按，其說當是。「身」即親自的意思。《爾雅·釋言》：「身，親也。」

☑　他　以食守望〔1〕隧卒張乙〔2〕，三月十六日劇食　弓　73EJT26：52

【集注】

〔1〕守望：隧名。

〔2〕張乙：人名，為戍卒。

☑　自言迺十二月貰賣菅草袍〔1〕一領，橐絮裝，賈錢八，觻得壽貴〔2〕里李
長君〔3〕所，任者執適〔4〕隧長　　　　　　　73EJT26：54

【集注】

〔1〕菅草袍：「菅」即菅茅，為草名。其可以編苫織草鞋。《左傳·昭公二十七年》：
「或取一編菅焉。」杜預《注》：「編菅，苫也。」則菅草袍當指用菅茅編織而
成的草袍。

〔2〕壽貴：里名，屬觻得縣。

〔3〕李長君：人名。

〔4〕執適：隧名。

肩水候長鄭赦〔1〕　☑ 　　　　　　　　　　　　　73EJT26：55

【集注】

〔1〕鄭赦：人名，為候長。

居延闟都〔1〕**里不更孫横**〔2〕**，年卅□☑** 　　　　　　73EJT26：56

【校釋】

「闟」字原作「闒」。該字圖版作屌，從門從羽，其實是「闟」省去了中間的
「曰」，為「闟」字的異體。這個字西北漢簡中十分常見，之前曾常釋作「關」，張
俊民（2014B）已指出其誤，並對簡73EJT3：7、73EJT30：165中的「關」作了改
釋。

【集注】

〔1〕闟都：里名，屬居延縣。

〔2〕孫横：人名。

登山〔1〕**隧戍卒趙國邯鄲鹿里**〔2〕**吾延年☑** 　　　　73EJT26：59

【集注】

〔1〕登山：隧名。

〔2〕鹿里：里名，屬邯鄲縣。

莫當〔1〕**隧卒李朔**〔2〕　☑ 　　　　　　　　　　　73EJT26：60

【集注】

〔1〕莫當：隧名。

〔2〕李朔：人名，為戍卒。

☑兩，載糜七十五石　☑　　　　　　　　　　73EJT26：61

虜一枚　直百　孟君卿取　　　　　　　　　　73EJT26：62

☑觻得安世〔1〕里王吉陽〔2〕　車一兩，載糜廿五石　已入　73EJT26：63

【集注】

〔1〕安世：里名，屬觻得縣。

〔2〕王吉陽：人名。

二石釜一，直六百　☑☑　　　　　　　　　　73EJT26：66

☑裘一領　刀　∫　　　　　　　　　　　　　　73EJT26：67

出鹽三升　　☑　　　　　　　　　　　　　　73EJT26：70

　　　　其十白　☑

于十四

　　　　四黑　☑　　　　　　　　　　　　　73EJT26：71

當利〔1〕隧長觻得壽光〔2〕里田捐之〔3〕　　73EJT26：73

【集注】

〔1〕當利：隧名。

〔2〕壽光：里名，屬觻得縣。

〔3〕田捐之：人名，為隧長。

入錢二千一百　徐☑　　　　　　　　　　　73EJT26：74

溫西市北〔1〕里公乘☑　　　　　　　　　　73EJT26：75

【校釋】

　　姚磊（2019D1）綴合該簡和簡73EJT26：36。今按，兩簡或可綴合，但茬口處似不能密合。

【集注】

〔1〕西市北：當為里名，屬溫縣。

☑□歲、高六尺　☑　　　　　　　　　　　73EJT26：76

　　　　弩一、矢卅二☑

☑□二頭

　　　　劍一　　☑　　　　　　　　　　　　　　　　73EJT26：79

☑　能不宜其官，徙補候史，代王安稚〔1〕　　　　　73EJT26：82

【集注】

〔1〕王安稚：人名。

肩水候官駟望〔1〕隧長公乘楊殷〔2〕自占書功勞〔3〕，訖九月晦日

為肩水候官駟望隧長四歲十一月十日

凡為吏四歲十一月十日

其六日，五鳳三年九月戊戌病，盡癸卯，不為勞（上）

·能書會計治官民，頗知律令文〔4〕　　☑

年廿七歲　　☑（下）　　　　　　　　　　　　　　73EJT26：88A

尉塞□　　☑　　　　　　　　　　　　　　　　　　73EJT26：88B

【集注】

〔1〕駟望：隧名。

〔2〕楊殷：人名，為駟望隧長。

〔3〕自占書功勞：中國簡牘集成編輯委員會（2001G，40頁）：自占書功勞，功勞
　　為漢代官吏考課優劣的主要依據。功之戰功等，又稱「伐」；勞即勞績，通常
　　為任職年限，又稱閱歷。故又稱「功勞伐閱」。「自占書功勞」係根據要求自報
　　業績。

　　　　冨谷至（2018，197頁）：「自占書」的語義可能為「自占、自書」，即「親
　　筆書寫自己上報」。

　　　　今按，說是。自占書功勞即自己申報功勞。

〔4〕能書會計治官民，頗知律令文：勞榦（1960，17頁）：所註明者，除爵里，
　　勞績，年歲，住址以外，仍註明文吏。或歲吏亦即文武兩項，為吏士中主要
　　兩類。

　　　　陳夢家（1980，57頁）：至於文、武吏之別，似不以通文法為標準，《漢
　　書·何並傳》述並為潁川太守時「求勇猛曉文法吏且十人，使文吏治三人獄，
　　武吏往捕之」，可知文、武吏職責有別而皆曉文法。然武吏或有不諳文法的，

《漢書・朱博傳》曰「博本武吏，不更文法」。據漢簡名籍，文吏、武吏的候長、隧長都同樣的「能書會計、治官民、頗知律令」，則似乎更文法乃一切吏所必需。

陳直（1979，259 頁）：對於能書、會計、頗知律令文三語，仍因循秦代以吏為師的功令。成為漢代公牘上固定之術語。

吳昌廉（1986，30～31 頁）：邊郡塞上不論文吏、武吏，均須具有共同之任用資歷，此即「能書、會計、治官民、頗知律令」。「能書」即是要會書寫，「會計」即是要會算術，「治官民」即是要有領導吏卒之能力，「頗知律令」即是要能懂得一點法律。漢廷對塞上最基層之「部」「隧」軍吏，均要求「能書、會計、治官民、頗知律令」，可見所要求者絕不會很高，因為若太精通律令，當然能書，而且早已試為文吏矣。因此所要求者當是稍微知道一點即行，以免因文盲為吏，至影響考課上計與請給調度之準確性。塞上除「能書、會計、治官民、頗知律令」是為吏之基本條件外，亦有文吏、武吏之別，凡能曉習文法、長於治獄者為文吏；會擊劍而能逐捕盜賊者為武吏，二者儼然有別，但塞上官吏在任用上，似無文吏或武吏之限制。

陳乃華（1992，27 頁）：這是漢代任用基層官吏的重要條件。它包括：第一，作為國家的基層官吏必須「能書」，即必須具備一定的書寫能力。這與《史記・項羽本紀》「使學書」的記載是一致的。第二，必須具備「會計」的能力。《後漢書・靈思何皇后傳》附《王美人》：「聰緝有才明，能書會計。」注：「會計謂總會其數而籌。」即必須有管理財務及出納等事務的能力。第三，「治官民」，即從事行政管理的能力。第四，「頗知律令文（武）」，即必須熟悉和通曉封建國家的法律令。

邢義田（1996，273 頁）：在漢邊候長、隧長的考課中，「能書」「會計」「知律令」是三項標準。所謂能書，是指能否以公文常用的書體——史書，也就是隸書寫公文；所謂會計，是指基本的計算，這是應付漢代軍隊行政中無數報表計簿不可少的基本能力；知律令，則應是泛指對各種法令條品規定的知識。

中國簡牘集成編輯委員會（2001E，235 頁）：能書會計，治官民，頗知律令，漢代對稱職官吏的考核習用語。能書會計，猶言能寫會算。治官民，能治官和民事。頗，相當……文，指其官職屬文職序列，與其相對應者為「武」。

孟志成（2002，216 頁）：「能書會計治官民頗知律令」三條是對候長燧長

學識水平和行政能力方面的普遍要求。這三條可理解為是從四個方面對擔任候長燧長職務作了規定：第一，「能書」，即任職者必須能夠識文斷字和具備一定文化程度；第二，「會計」，即任職者必須具有一定的算術能力和會計知識；第三，「治官民」，即任職者必須具備一定的行政能力；第四，「頗知律令」，即任職者還須通曉國家法律法規，能忠實地履行其職責。

金少英（2004，160頁）：「文」「武」指文吏或武吏。

于振波（2012，212頁）：根據漢律和漢簡，可知「能書」包括書體規範、抄錄準確、不寫錯字等具體內容，是作為官吏的基本條件之一。

冨谷至（2013，99頁）：「能書會計，治官民頗知律令」這樣的慣用語，並不是對具體識字程度的評判，只是一種言指某官吏履職無礙、可堪其任的固定辭令。這樣考慮的話，不擔任史職的燧長和擔任史職的候史被給予同樣評語也就能夠理解了。簡言之，「能書」並無實質性的意思。

冨谷至（2018，232～233頁）：在居延漢簡中，「頗知律令」等慣用句中可見「頗」。此處的「頗」與上述表示動機的有無不同，表示「所具備的法律知識非零」這種程度。總之，對官員而言，必要的法律知識「非零」可以作為對官員的評定，「頗知」有「作為官員夠格」之意。

今按，諸說多是。

☑二兩　☑　　　　　　　　　　　　　　　　73EJT26：89

☑□　□　腸血六十☑

☑卅七　　犢十四　☑

☑　　　　……☑　　　　　　　　　　　　　73EJT26：91A

☑□丁功取�☑　　　　　　　　　　　　　73EJT26：91B

☑　厶　二月辛丑入　六月庚☑　　　　　　73EJT26：97

☑卩　字孫　厶　　　　　　　　　　　　　73EJT26：101

☑亓安世〔1〕　　□□昌☑

☑□韓東　　　皆居署☑　　　　　　　　　73EJT26：105

【集注】

〔1〕亓安世：人名。

奉明廣德〔1〕里男子丘偃〔2〕，年十八□□☑　　73EJT26：106

【集注】

〔1〕廣德：里名，屬奉明縣。

〔2〕丘偃：人名。

　　　　　　枲承弦三挈□四尺，負十算〔2〕。
執適〔1〕　　塢中不掃除，負三算。
　　　　　　塢上不塗塈〔3〕，負三算。（上）
鼓一毋柜，負五算。　　　　　　毋□禁當□　　☑
布蓬一，作治未成，負三算。　　毋大刀負五算　　☑
□二不□□，負十算　　☑（下）　　　　　　　73EJT26：107A
（圖畫）　　　　　　　　　　　　　　　　　　　73EJT26：107B

【集注】

〔1〕執適：隧名。

〔2〕算：陳直（2009，311頁）：余因推測為西漢邊郡官吏優劣之考績，乃因烽火臺
　　器物之損壞，候陵長之治績，綜覈其獎罰，皆用算收緡錢方式來計算。屬於獎
　　勵者曰得幾算，屬於懲罰者曰負幾算。得算與負算，可以相抵。

　　　　永田英正（2007，99頁）：這種場合下的負算是減分的意思，例，負一
　　算就可以解釋為減一分。

　　　　永田英正（1987C，53頁）：「算」是一種評價單位，例如，所謂負一算意
　　即減一分，它決不是貲算、口算、算賦這種意思的「算」。

　　　　裘錫圭（1974，58頁）：過去很多人認為漢代的算賦一開始就是「人百二
　　十為一算」。其實，所謂「算」的本來意思只不過是徵收賦稅時的計算單位。
　　「算」的對象可以是人，也可以是別的東西，例如武帝時曾算車船，算緡，算
　　六畜等等。

　　　　高敏（1983，36～37頁）：漢代「算」字的用法甚多，至少有廣狹二義。
　　廣義的「算」可以作動詞用，如「八月算人」「算車船」「算六畜」「算緡」「算
　　貲」等，這些「算」都是動詞，其義與算賦之算判然不同。狹義的「算」，只
　　作名詞用，是一個固定的計量單位……算賦之「算」，也是一樣，是一個計量
　　單位，因此，「算賦」的含義，應是以一人一算為繳納數量的賦稅之意，同算
　　車船、算六畜、算貲及算緡等等之算的含義是不同的。

　　　　趙沛（1991，24頁）：算，罰金的計算單位。一般以為一算為百二十錢。

但或有徵收以及處罰對象不同，而標準不同者。

徐子宏（1988，36頁）：所謂「算」是指罰金、獎金而言，亦是指考核評分的標準，其詳尚不可考。不過作為考核方法卻是毋庸置疑的。

于振波（1996，330）：漢簡中的「得算」「負算」是對官吏政績進行評價時所用的術語，與獎金、罰款沒有必然聯繫。漢代的「算（筭）」除用於指算賦外，也指計數的籌碼，必須視不同的場合加以區別，不能一概而論。

中國簡牘集成編輯委員會（2001C，17頁）：此處為計算官吏政績的計量單位。工作優異，得算；不合格則負算。

李均明（2009，308頁）：「算」是抽象的計量單位，猶今言「份」……所見「算」替代以分計功之「分數」，用於體現物品的質、量及人的政績、能力等。但「算」的計量作用是有前提條件的，是事先預設的，代表的數值因事因時而異，如交納算賦之「算」，一算可為一百二十錢，亦可為十錢、九錢。「算」對政績、能力的計量作用，則差異更大。

今按，「算」字用法較複雜，但該簡這種「算」顯然跟獎金或罰金沒有關係，永田英正說其為一種評價單位，所謂負一算意即減一分，這種看法應該是正確的。

〔3〕塗堊：陳夢家（1980，159～160頁）：《說文》「堊，白塗也」，《釋名·釋宮室》堊，亞之次也，先泥之，次以白灰飾之也，《爾雅·釋宮》「牆謂之堊」注「白飾牆也」。以上均釋堊為白灰飾之，即漢簡「塗堊」。但載堊，得堊十五石之堊乃是名詞，乃指白灰。《文選·子虛賦》「其土則丹青赭堊」注引張揖、《穀梁》莊廿三釋文並謂「堊，白土也」，《西山經》「大次之山，其陽多堊」注「堊似土色甚白」。可知堊乃天然的白土。

王震亞、張小鋒（1998，144～145頁）：所謂「堊」，《說文》曰：「白塗也」，即塗敷於垣屋表壁或積薪垛外的擋風防雨的塗料。

中國簡牘集成編輯委員會（2001C，285頁）：「堊，用於蒙塗的白泥之類。

上官緒智、黃今言（2004，96～97頁）：《釋名疏證補》卷五《釋宮室》曰：「堊，亞也次也，先泥之，次以白灰飾之也。」可見，「塗堊」就是先在積薪表面塗一層泥，之後再用白灰飾之，使之不被外火傷害，同時還能防止雨淋，以防使用時影響信息發佈。

劉釗（2013）：既然「堊」是「堊」的初文，「堊」「堊」其實就是一個字，

只是有着結構繁簡的不同……可是「白土」實際上包含了兩類東西，一類是主要用於製作陶瓷的高嶺土，又稱陶土，現代稱為瓷土或「白膏泥」。明《天工開物・陶埏・白瓷》：「凡白土曰堊土，為陶家精美器用。」說的就是高嶺土。一類是指石灰岩，即石灰，又稱白灰、白善土、堊灰、白堊。這兩種東西在古代的不同時期都可以稱之為「堊」或「白土」，屬於名同實異。但是從古至今的大型字典詞典對「堊」字的訓釋都把高嶺土和石灰攪合在一起，不加分別，造成了「堊」字訓釋的極為混亂。其實用於塗飾、尤其用於塗飾牆壁的「堊」就是指石灰而言。

　　何茂活（2014B，235頁）：堲，同「堊」，也作「埡」。《說文・土部》：「堊，白塗也。從土，亞聲。」《爾雅・釋宮》：「牆謂之堊。」郭璞注：「白飾牆也。」郝懿行義疏：「飾牆古用白土，或用白灰，宗廟用蜃灰。」……其實河西漢簡中所見之「堲」，除用作名詞外，還用作動詞，指以白灰塗飾牆壁或以草泥塗覆積薪，以防風雨侵蝕，對積薪而言，還有防火作用。

　　今按，諸說多是。「堲」即「堊」，作動詞意為用白灰塗刷。《韓非子・說林下》：「宮有堊，器有滌，則潔矣。」又為名詞，指用來刷牆的白灰。《說文・土部》：「堊，白塗也。」段玉裁《注》：「謂塗白為堊，因謂白土為堊。」

☑七尺二寸、衣白布單衣☑　　　　　　　　　　　　　　73EJT26：108

☑　食庾候官　　　　　　　　　　　　　　　　　　　　73EJT26：110

☑誠北〔1〕亭十月壬戌盡☑　　　　　　　　　　　　　73EJT26：115

【集注】

〔1〕誠北：亭名。

觻得脩德〔1〕里大夫任奴〔2〕，年廿、長七尺二寸、黑色　牛車☑

　　　　　　　　　　　　　　　　　　　　　　　　　　73EJT26：118

【集注】

〔1〕脩德：里名，屬觻得縣。

〔2〕任奴：人名。

會水安樂〔1〕里大夫薛常〔2〕，年六十、長七尺五寸、黑色☑　73EJT26：120

【集注】

〔1〕安樂：里名，屬會水縣。

〔2〕薛常：人名。

☑……☑

☑二百・定少萬二千四百廿☑　　　　　　　　　　　　　73EJT26：122

☑□七十二人作壍、塞埃空□□□☑　　　　　　　　　　73EJT26：123

☑□□候卒德受禁姦□□宿　　　　　　　　　　　　　　73EJT26：125

☑　　黑色　　☑　　　　　　　　　　　　　　　　　　73EJT26：128

戍卒濟陰郡冤句利里〔1〕□□□☑　　　　　　　　　　　73EJT26：129

【集注】

〔1〕利里：里名，屬冤句縣。

☑入簿　　☑　　　　　　　　　　　　　　　　　　　　73EJT26：130

☑人養□　　　　　　　　　　　　　　　　　　　　　　73EJT26：132

葆觻得富里〔1〕陳聖〔2〕，公乘、年卅六　　　☑　　　73EJT26：133

【集注】

〔1〕富里：里名，屬觻得縣。

〔2〕陳聖：人名。

☑靳幡一，完

☑□矢五十，完　　　　　　　　　　　　　　　　　　　73EJT26：134

	三石具弩一，完　蘭一，完　☑
戍卒淮陽郡苦集里〔1〕宣橫〔2〕	弩循一，完　　　蘭冠一，完　　☑
	承弦二，完　　　服一，完　　☑

73EJT26：217

【校釋】

「集」原作「葉」，高一致（2014C）、（2016A，19頁）釋。

戍卒淮陽郡苦上里〔3〕王光〔4〕　有方一，完　靳幡一，完　　73EJT26：231

☑戍卒淮陽郡苦宣房〔5〕里恭畢〔6〕　　☑☑　　　73EJT26：276

【校釋】

以上四簡形制、字體筆迹等一致，內容相關，當屬同一簡冊，或可編連。

【集注】

〔1〕集里：里名，屬苦縣。

〔2〕宣橫：人名，為戍卒。

〔3〕上里：里名，屬苦縣。

〔4〕王光：人名，為戍卒。

〔5〕宣房：里名，屬苦縣。

〔6〕恭畢：人名，為戍卒。

☑尺五寸、黑色　馬一匹、軺車一乘　　　　73EJT26：186+135

【校釋】

姚磊（2016I4）綴。

潢〔1〕從者淮陽苦〔2〕柳里〔3〕莊壽〔4〕　　☑　　　73EJT26：136

【集注】

〔1〕潢：當為人名。

〔2〕苦：淮陽郡屬縣。《漢書・地理志下》：「苦，莽曰賴陵。」

〔3〕柳里：里名，屬苦縣。

〔4〕莊壽：人名，為從者。

☑□廣地美草〔1〕隧長孫博〔2〕出☑　　　73EJT26：137

【集注】

〔1〕美草：隧名。

〔2〕孫博：人名，為美草隧長。

☑月丙子除　　☑　　　73EJT26：141

毛子文〔1〕錢☑　　　73EJT26：145

【集注】

〔1〕毛子文：人名。

☑十五兩　　　　　　　　　　　　　　　　　　　73EJT26：147

萬福〔1〕隧長鱳得當富〔2〕里☑　　　　　　　　　73EJT26：154

【集注】

〔1〕萬福：隧名。

〔2〕當富：里名，屬鱳得縣。

本始三年六月丁酉〔1〕除　　　　　　　　　　　73EJT26：259+155

【校釋】

　　許名瑲（2015E）綴。

【集注】

〔1〕本始三年六月丁酉：本始，漢宣帝劉詢年號。據徐錫祺（1997，1541頁），本
　　始三年六月己卯朔，十九日丁酉，為公曆公元前71年8月2日。

登山〔1〕隧長鱳得定安〔2〕里范常□☑　　　　　73EJT26：156

【集注】

〔1〕登山：隧名。

〔2〕安定：里名，屬鱳得縣。

☑一月用食五石四斗　　　　　　　　　　　　　73EJT26：256+157

【校釋】

　　姚磊（2016I4）綴。

☑　十一月己卯入　　☑（削衣）　　　　　　　73EJT26：159

☑……☑
☑□大石四百五十石　丞賢臨　☑　　　　　　　73EJT26：164

【校釋】

　　第二行未釋字葛丹丹（2019，1763 頁）認為是「為」。今按，說當是。但該字磨滅，不能確知，暫從整理者釋。

☑　以食……七月　┘	73EJT26：166
貸毋次公十五、憂長公十五、李長史□□☑	73EJT26：169
☑　貸卅石　☑	73EJT26：171

尊〔1〕從者淮陽苦平曲〔2〕里魯☑　　　　　　　73EJT26：172

【集注】

〔1〕尊：人名。

〔2〕平曲：里名，屬苦縣。

　　　　　　　　三丈　☑
毋適〔1〕隧鄭彊〔2〕　二丈　☑
　　　　　　　　四丈　☑　　　　　　　　73EJT26：175

【集注】

〔1〕毋適：隧名。

〔2〕鄭彊：人名。

庌胡〔1〕隧卒田得〔2〕　　☑　　　　　　73EJT26：181

【集注】

〔1〕庌胡：隧名。

〔2〕田得：人名，為戍卒。

☑□陽郡新平南茈〔1〕里上造朱安世〔2〕，年廿七　☑　73EJT26：184

【集注】

〔1〕南茈：里名，屬新平縣。

〔2〕朱安世：人名。

·右第十車十人　☑　　　　　　　　　73EJT26：185

田卒淮陽郡圉□里葉弘〔1〕　　□□◿　　　　　　　　　73EJT26：187

【校釋】

中間未釋字高一致（2014A）、（2016A，19頁）補「君」。今按，補釋或可從，但該簡殘斷，所補字右半缺失，不能確知，當從整理者釋。

【集注】

〔1〕葉弘：人名，為田卒。

魏郡東陽侯國〔1〕廣阪〔2〕里王拓〔3〕，年卅二　　◿　　　　　73EJT26：189

【集注】

〔1〕東陽侯國：黃浩波（2014B）：東陽侯國，據《漢書·王子侯表》為清河綱王子
　　　劉弘的封國，始封於宣帝本始四年，傳五世。根據王子侯國別屬漢郡的原則，
　　　則東陽侯國自本始四年起別屬漢郡。周振鶴《西漢政區地理》認為東陽「始封
　　　當屬信都。地節四年回屬。」然而，從《中國歷史地圖集》的定點來看，東陽
　　　與貝丘、鄃、厝、靈等縣均地處屯氏河與黃河之間的地帶，而遠隔信都郡，因
　　　此東陽侯國始封之時或即屬魏郡，而非信都。此外，與東陽侯國同時分封的新
　　　鄉侯國（即《地理志》「信鄉」），亦地處屯氏河與黃河之間的地帶，且毗鄰厝
　　　縣，因此亦有可能同時別屬魏郡。地節四年清河國除為郡，故而周振鶴認為東
　　　陽「地節四年回屬」。初元二年至永光元年復置清河國，在此期間，東陽侯國、
　　　新鄉侯國必又別屬漢郡，從地理位置而考量，此次別屬也應別屬魏郡。此時貝
　　　丘、鄃、厝、靈等縣應尚在魏郡，否則東陽侯國、新鄉侯國便孤懸魏郡之外，
　　　成為「飛地」。永光元年清河國除為清河郡，或於此時貝丘、鄃、厝、靈等縣
　　　方與東陽侯國、新鄉侯國一同回屬清河郡，故《地理志》中上述四縣與侯國均
　　　在清河郡之下。

　　　　　今按，其說當是。東陽侯國《漢書·地理志》屬清河郡。據簡文則曾屬魏
　　　郡。

〔2〕廣阪：里名，屬東陽侯國。

〔3〕王拓：人名。

◿□茅延　輼車一乘、馬一匹　　　　　　　　　　　　　　73EJT26：191

長安長壽〔1〕里吳常〔2〕，年、長七尺二寸◿　　　　　　　73EJT26：193

【集注】

〔1〕長壽：里名，屬長安縣。

〔2〕吳常：人名。

　　　　襲一領　皁單衣一領刀
☑……　　　　　　　　　　　　　令已出☑
　　　　綺一領　枲履二兩刀　　　　　　　73EJT26：211
□□充從定德　　☑　　　　　　　　　　73EJT26：214
利□里王加☑　　　　　　　　　　　　　73EJT26：222
卅八兩，皆有傳兵弩☑　　　　　　　　　73EJT26：225
☑月乙酉入　☑　　　　　　　　　　　　73EJT26：226
☑□□之　有方　千人刃　廿五　　　　　73EJT26：228

☑最凡〔1〕千八百，粟十斛、粱米三斛
☑……　　　　　　　　　　　　　　　　73EJT26：229A
☑　今□魚十五頭
☑　……　　　　　　　　　　　　　　　73EJT26：229B

【集注】

〔1〕最凡：勞榦（1960，11頁）：最凡可以互訓，故最凡亦並稱也。

　　　永田英正（2007，58頁）：「最凡」的最字是聚集的意思，因此，「最凡」
就是總計、合計的意思。

　　　今按，諸說是。「最凡」即總計。

董乃始〔1〕　四月病　印　刀　☑　　　　73EJT26：232

【集注】

〔1〕董乃始：人名。

馬弓　□□□牒札□□☑　　　　　　　　73EJT26：240
牛一，黑犗、白頭腹下右腹、左斬、齒七歲、絜七尺九寸　角第百、左尻白☑
　　　　　　　　　　　　　　　　　　　73EJT26：238
☑以食驛馬二匹，七月盡九月，積百☑　　73EJT26：244

牛一，黑□□□□□歲、絜八尺　□□八十☑　　　　　73EJT26：247

【校釋】

　　　「歲」前一字葛丹丹（2019，1768 頁）釋「齒」。今按，說或是。但該字磨滅，不能辨識，暫從整理者釋。

馬一匹，騂牝、齒四歲、高五尺八寸　☑　　　　　73EJT26：249+255

【校釋】

　　　伊強（2015A）綴。

☑　癸巳□卿等付曹福〔1〕　　　　　　　　　　73EJT26：251

【集注】

　　　〔1〕曹福：人名。

☑□廣出☑　　　　　　　　　　　　　　　　　73EJT26：257

千秋〔1〕里成千☑　　　　　　　　　　　　　　73EJT26：261

【集注】

　　　〔1〕千秋：里名。

☑月庚寅南　☑　　　　　　　　　　　　　　　73EJT26：262

☑富平〔1〕隧　　　　　　　　　　　　　　　　73EJT26：265

【集注】

　　　〔1〕富平：隧名。

☑犗牝、齒七歲、高五尺七寸☑　　　　　　　　73EJT26：275

☑□輸薪　□□☑　　　　　　　　　　　　　　73EJT26：279

廣昌〔1〕里□□安　☑　　　　　　　　　　　　73EJT26：280

【集注】

　　　〔1〕廣昌：里名。

執適〔1〕隧卒趙國☑　　　　　　　　　　　　　　73EJT26：282

【集注】

〔1〕執適：隧名。

櫓五　　☑　　　　　　　　　　　　　　　　　　　73EJT26：283
六月十九日，出錢九十……卅……☑
……☑　　　　　　　　　　　　　　　　　　　　　73EJT26：287
☑……二百廿七　　☑　　　　　　　　　　　　　　73EJT26：289
☑☑☑四十里☑　　　　　　　　　　　　　　　　　73EJT26：290

■右第二☑☑卒二人、車二兩，凡載廿二☑　　☑　　73EJT26：291

【校釋】

「卒」前二字張俊民（2015A）補「丞官」。今按，補釋或可從，但簡文磨滅，
不能確知，暫從整理者釋。

……秦，年卅、長七尺☑　　　　　　　　　　　　　73EJT26：303
☑☑卅二人　　　　　　　　　　　　　　　　　　　73EJT26：305

肩水金關 T27

觻得宜產〔1〕里杜餘〔2〕，年十八　黑色、車牛一☑　　73EJT27：1

【集注】

〔1〕宜產：里名，觻得縣。

〔2〕杜餘：人名。

☑☑年十八　長七尺一寸、黑色　劍一　牛車☑☑　73EJT27：3

☑牛車一兩，為觻得騎士功歲〔1〕里孫青弓〔2〕就，載肩水穀小石卅五石，輸
居延，矛一、刀一丿丿　　　　　　　　　　　　　　73EJT27：5

【集注】

〔1〕功歲：里名，屬觻得縣。

〔2〕孫青弓：人名，為騎士。

魯〔1〕再魚〔2〕里公乘王衍〔3〕，年卅六　長七尺六寸、黑色、字少君、車馬

一乘　▨　　　　　　　　　　　　　　　　　　　73EJT27：9

【集注】

〔1〕魯：魯國屬縣。《漢書·地理志下》：「魯，伯禽所封。戶五萬二千。有鐵官。」

〔2〕再魚：里名，屬魯縣。

〔3〕王衍：人名。

投〔1〕、錕〔2〕各二　完　　　　　　　　　　　73EJT27：10

【集注】

〔1〕投：義不明，待考。

〔2〕錕：為車轂端用金屬包的冒蓋。《玉篇·金部》：「錕，車具也。」《廣韻·換韻》：

　　「錕，車軸頭鐵。」

魏郡內黃同里〔1〕大夫張陽吉〔2〕，年廿七　　▨　　　73EJT27：14

【集注】

〔1〕同里：里名，屬內黃縣。

〔2〕張陽吉：人名。

年八月中，犢二□□□□犢一　　　　　　　　　　　凡值錢六百五十

·十二月中買牛一，黑字〔1〕，齒二，趙秋〔2〕取，直錢千二百　又婦以五月

作盡十一月廿二日

年十一月中，比牛〔3〕……趙秋見之水中　　　　　　　·直錢三千

年四月中，比牛一，黑……□時□見，趙秋、朱子隻〔4〕見之水中，死。

　　　　　　　　　　　　　　　　　　73EJT27：58B+15A+16A

二月中，狼食小犢一，黃字……當負　　　·凡并直萬二千六百五十

六月中，狼食小黃字……趙秋見之，當負　　·彊所取直千九百卅

年正月中，黑字，牛一，齒二，溺死，當負　·又承登六□直四百廿

　　　　　　　　　　　　　　　　　　73EJT27：58A+15B+16B

【校釋】

　　簡73EJT27：15+16原整理者綴，何茂活（2016E，196頁）又綴簡73EJT27：

58。A面第一行「年八月中犢二□□□□犢一」「凡值錢六百五十」，第二行「買」，

第三行「牛」原均未釋，第三、四行兩「比」字原作「出」，B面末行「年」原未釋，均何茂活（2016E，196頁）綴合後補釋。

又B面第一行「并」原作「並」，黃艷萍（2016B，123頁）釋。B面末行「當」字原作「黨」，據文義當為「當」。

【集注】

〔1〕字：何茂活（2016E，196頁）：「字」即「牸」，亦指母牛。

今按，說是。「牸」為母牛，亦用以指畜類的雌性。《漢書・食貨志上》：「眾庶街巷有馬，仟伯之間成群，乘牸牝者擯而不得會聚。」

〔2〕趙秋：人名。

〔3〕比牛：何茂活（2016E，196頁）：屬「牝」之省寫，而「牝」又是「牝」的俗寫。牝牛即母牛。

今按，說當是。

〔4〕朱子隻：人名。

城官橐佗廣地真〔1〕　　　　　　　　　　　　　73EJT27：17A
今餘錢卅六萬五百八十九　　　　　　　　　　　73EJT27：17B

【校釋】

A面「真」原作「算」，鄔文玲（2017，163頁）釋。

【集注】

〔1〕橐他廣地真：鄔文玲（2017，166頁）：意即橐佗候官和廣地候官的錢簿正本……這類標示為「真」的文書或簿籍，即是「真書」，亦即文書的正本或底本。相當於今日之原本或原件。

今按，其說當是。

魯國大里〔1〕大夫王輔〔2〕，年卅五歲、長七尺五寸、黑色　十月辛巳入　牛
車一兩，弩一、矢五十＼　　　　　　　　　　　73EJT27：19

【集注】

〔1〕大里：為里名。

〔2〕王輔：人名。

河南郡雒陽褚里〔1〕公乘李定國〔2〕，年廿八、長七尺二寸、黑色　　☑
　　　　　　　　　　　　　　　　　　　　　　73EJT27：20

【集注】

〔1〕褚里：里名，屬雒陽縣。

〔2〕李定國：人名。

田卒梁國蒙新成〔1〕里不更兒充〔2〕，年廿五　　☑　　　　　73EJT27：21

【校釋】

　　「成」原作「歲」，「梁」原作「梁」，何茂活（2016E，197 頁）釋。且其認為金關漢簡第叁卷中統作「梁國」，未加區分，計約 22 例。釋文應盡量如實反映簡牘中的用字情況。「梁」字黃艷萍（2016B，122 頁）、（2018，135 頁）釋同。

【集注】

〔1〕新成：里名，屬蒙縣。

〔2〕兒充：人名，為田卒。

田卒趙國襄國齋里〔1〕李賜〔2〕，年卅三　　ﾉ　　ﾉ　（竹簡）　　73EJT27：22

【集注】

〔1〕齋里：里名，屬襄國。

〔2〕李賜：人名，為田卒。

田卒陽夏富陵〔1〕里戴千秋〔2〕，年廿五　　☑　　　　　73EJT27：26

【集注】

〔1〕富陵：里名，屬陽夏。

〔2〕戴千秋：人名，為田卒。

☑　　馬一匹，弩一、矢卅，劍一☑　　　　　　　73EJT27：27

☑□里不更萬賢〔1〕，年廿八、長七尺二寸、黑色　　☑　　73EJT27：30

【集注】

〔1〕萬賢：人名。

☑陽東孅里公☑　　　　　　　　　　　　　73EJT27：31

居延誠勢〔1〕里☑　　　　　　　　　　　73EJT27：33

【集注】

〔1〕誠埶：里名，屬居延縣。

☑冠一，完　　☑　　　　　　　　　　　　　73EJT27：34

☑□二百石　長安□里公乘，年五十、長七尺　□□☑
☑　十月戊寅入　☑　　　　　　　　　　　73EJT27：36

【校釋】

　　　第一行「□里」黃浩波（2018A，123 頁）作「娑里」。今按，所釋「娑」字作
形，不能十分肯定，暫從整理者釋。

☑　二月□□☑　　　　　　　　　　　　　　73EJT27：43

觻得富貴〔1〕里彭當時〔2〕　　☑　　　　　　　73EJT27：56

【集注】

〔1〕富貴：里名，屬觻得縣。

〔2〕彭當時：人名。

☑　□酒三升算卅☑
☑　□□□□□☑　　　　　　　　　　　　　73EJT27：57

大婢暏〔1〕，年十一歲、長七☑　　　　　　　　73EJT27：59

【集注】

〔1〕暏：人名，為大婢。

☑敦煌玉門〔1〕富昌〔2〕里高殷〔3〕，年☑　　　73EJT27：61

【集注】

〔1〕玉門：敦煌郡屬縣。《漢書・地理志下》：「玉門，莽曰輔平亭。」

〔2〕富昌：里名，屬玉門縣。

〔3〕高殷：人名。

☑　皁布狀襜〔1〕一，幣　☑　　　　　　　　　73EJT27：62

八尺蒲復椹〔2〕一，毋尊衣　　☑　　　　　　　　　73EJT27：63

【校釋】

　　　　以上兩簡簡形制、字體筆迹等一致，內容相關，或原屬同一簡或同一冊書，當可編連或綴合。

【集注】

〔1〕皁布牀襜：「襜」指帷幕。《後漢書·劉盆子傳》：「乘軒車大馬，赤屏泥，絳襜絡。」李賢注：「襜，帷也；車上施帷以屏蔽者。」皁布即黑色的布，牀襜當為牀上的帷幕。

〔2〕蒲復椹：「椹」為砧板，墊板。《爾雅·釋宮》：「椹謂之櫬。」郭璞《注》：「斫木櫬也。」刑昺《疏》：「椹者斫木所用以藉者之木名也。一曰櫬。」八尺蒲復椹義不明，待考。

☑史徐赦之〔1〕，年十五、長☑　　　　　　　　　　73EJT27：65

【集注】

〔1〕徐赦之：人名。

☑□　中功二，勞三月十☑　　　　　　　　　　　　73EJT27：66

望城〔1〕隧卒段從☑　　　　　　　　　　　　　　　73EJT27：67

【集注】

〔1〕望城：隧名。

☑六月餘折傷牛車十二兩　　☑　　　　　　　　　　73EJT27：77

甘露二年正月丁巳〔1〕視事盡晦，積三日迹　　☑
□□□□　　☑　　　　　　　　　　　　　　　　　73EJT27：79

【集注】

〔1〕甘露二年正月丁巳：甘露，漢宣帝劉詢年號。據徐錫祺（1997，1579頁），甘露二年正月辛卯朔，二十七日丁巳，為公曆公元前52年3月15日。

☑□　字子孟　牛□□□□☑　　　　　　　　　　　73EJT27：80

☑肩水倉佐昭武射南〔1〕里孫平〔2〕，年廿三　初☑　　　　　73EJT27：82

【集注】

〔1〕射南：里名，屬昭武縣。

〔2〕孫平：人名，為肩水倉佐。

鱳得騎士相☑里☑☑時　　☑　　　　　　　　　　　　　73EJT27：83

☑☑歲　　　　　　　　　　　　　　　　　　　　　　　73EJT27：87

☑長七尺二寸、黑色☑☑（削衣）　　　　　　　　　　　　73EJT27：92

☑車一乘、馬☑　　　　　　　　　　　　　　　　　　　73EJT27：93

☑☑二萬二千六百九十六石七斗七升☑（削衣）　　　　　　73EJT27：97

五斗☑☑（削衣）　　　　　　　　　　　　　　　　　　73EJT27：98

☑少八龠（削衣）　　　　　　　　　　　　　　　　　　73EJT27：99

鱳得騎士安樂〔1〕里蘇廣〔2〕　　／（竹簡）　　　　　　73EJT27：102

【集注】

〔1〕安樂：里名，屬鱳得縣。

〔2〕蘇廣：人名，為騎士。

☑☑☑☑

☑安利〔1〕里陳長倩〔2〕☑☑（削衣）　　　　　　　　　73EJT27：110

【集注】

〔1〕安利：里名。

〔2〕陳長倩：人名。

☑長七尺二寸、黑色　　☑　　　　　　　　　　　　　　73EJT27：111

戍卒魏郡館陶宜里〔1〕公乘☑☑☑，年十七……☑　　　　73EJT27：112

【校釋】

　　「館陶」高一致（2014A）、（2016A，20頁）改釋作「繁陽」。今按，改釋或可從，但該簡殘斷，僅存左半文字，不能確知，暫從整理者釋。又「十七」姚磊（2018E，199頁）認為當存疑不釋。

【集注】

〔1〕宜里：里名，屬館陶縣。

| ☑……・凡并直☑ | 73EJT27：113A |
| ☑□□　☑ | 73EJT27：113B |

【校釋】

「并」字原作「並」，黃艷萍（2016B，123 頁）認為當作「并」。今按，說是，該字作█形，當為「并」。

| ☑□樂得市里〔1〕公乘蘇□☑ | |
| ☑□刪丹平曲〔2〕里公乘□☑ | 73EJT27：118 |

【校釋】

第一行簡首未釋字趙葉（2016，45 頁）釋「郡」。今按，釋或可從，但該字磨滅，不能確知，暫從整理者釋。

【集注】

〔1〕市里：里名，屬樂得縣。

〔2〕平曲：里名，屬刪丹縣。

☑　　　其一匹□□☑	
☑□匹　一匹騂□□齒十□☑	
☑　　　一匹□牝、齒五歲、高☑	73EJT27：119

| ☑劍　丿☑ | 73EJT27：128 |

【校釋】

「劍」原作「副」，姚磊（2017G4）釋。

☑二月甲午入　☑	73EJT27：129
☑　卩	73EJT27：134
☑□惲，年卅又☑	73EJT27：138

| 戍卒魏郡□陽安里〔1〕公乘許多□☑ | 73EJT27：139 |

【校釋】

　　未釋字高一致（2014A）、（2016A，21 頁），趙葉（2016，45 頁）補釋「繁」。今按，補釋或可從，但該字圖版字迹模糊，不能辨識，當從整理者釋。

【集注】

　〔1〕安里：里名。

肩水金關 T28

禁姦〔1〕隧卒馮門〔2〕　三 三 三 三 廿 休 三 三 三 三

　　　　　　　　　　　　　　　　　　　　　73EJT28：2

【集注】

　〔1〕禁姦：隧名。

　〔2〕馮門：人名，為戍卒。

　　　　　　　　　　　　四石具弩一
戍卒伯人宜利〔1〕里董安世〔2〕　蘭一、冠一
　　　　　　　　　　　　槀矢銅鍭五十　　　　73EJT28：6

【校釋】

　　「宜」原作「宣」，高一致（2014C）、（2016A，21 頁）釋。

【集注】

　〔1〕宜利：里名，屬柏人縣，伯人即柏人。

　〔2〕董安世：人名，為戍卒。

平樂〔1〕隧長陳駿〔2〕　　☑　　　　　73EJT28：7

【集注】

　〔1〕平樂：隧名。

　〔2〕陳駿：人名，為平樂隧長。

☑國佰人平陽〔1〕里☑☑☑☑☑　　　　73EJT28：15

【集注】

　〔1〕平陽：里名，屬柏人縣，伯人即柏人。

☑□七百五十、襜衣直二百卌，約至五月畢已，延陵中倩〔1〕任，故酒彭二斗

73EJT28：17

【集注】

〔1〕延陵中倩：趙海龍（2014D）：延陵縣《漢書·地理志》屬代郡，漢代登記信息時多採用「縣名+里名」的原則，此處延陵縣後面的「中倩」應為里名，因此此條簡文「延陵中倩」可釋讀為延陵縣中倩里。

今按，其說或是。「中倩」亦或為人名。

·右後甘露三年三月戍卒勞賜名籍

73EJT28：22

·右二人當谷〔1〕隧

73EJT28：23

【集注】

〔1〕當谷：隧名。

·右第十五車十人　☑

73EJT28：24

■右第廿八車廿一人　☑

73EJT28：25

三人韋

戍寅卒七人　其一人養　　　　　一人治　☑

二人偏葦

73EJT28：27+93

【校釋】

姚磊（2016I3）綴。

田卒淮陽郡長平南莊〔1〕里不更扈惡子〔2〕，年廿五　☑

73EJT28：30

【集注】

〔1〕南莊：里名，屬長平縣。

〔2〕扈惡子：人名，為田卒。

田卒上黨郡屯留新利〔1〕里士伍賈尊官〔2〕，年卅

73EJT28：31

【集注】

〔1〕新利：里名，屬屯留縣。

〔2〕賈尊官：人名，為田卒。

☑　車二兩，載櫝麥五十石，偷橐佗候官　☑　　　　　73EJT28：32

【校釋】

「偷」字原作「輸」，丁義娟（2018B）、（2019，12頁）作「偷」，並指出其字形作「偷」，用作「輸」。黃艷萍（2016B，263頁）則認為此處「輸」的構件「車」錯寫成「亻」而作「偷」，即原簡的「偷」是「輸」的別字。

今按，諸說多是。該字圖版作 形，為「偷」字，該簡中應是「輸」的誤書。「輸」誤作「偷」的情況還見於簡73EJT21：282，不同的是，簡73EJT21：282中整理者據字形釋作了「偷」。

扶溝樂陽〔1〕里汲千秋〔2〕，年廿八　☑　　　　　73EJT28：36

【集注】

〔1〕樂陽：里名，屬扶溝縣。

〔2〕汲千秋：人名。

☑登山〔1〕隧卒趙馬〔2〕六月食☑　　　　　73EJT28：41

【集注】

〔1〕登山：隧名。

〔2〕趙馬：人名，為戍卒。

氐池里宜粟〔1〕里李餘〔2〕　　☑　　　　　73EJT28：42

【校釋】

第一個「里」字當為原簡衍文。

【集注】

〔1〕宜粟：里名，屬氐池縣。

〔2〕李餘：人名。

騎士利成〔1〕里王定世〔2〕　　☑　　　　　73EJT28：43

【集注】

〔1〕利成：里名。

〔2〕王定世：人名，為騎士。

☑望城☐☐孫祄☐☐奉　∫　自取☑　　　　　　　　　73EJT28：45

☑丁巳執適〔1〕隧長宣〔2〕取 73EJT28：48

【集注】

〔1〕執適：隧名。

〔2〕宣：人名，為執適隧長。

觻得騎士果成〔1〕里馬延壽〔2〕☑　　　　　　　　　　73EJT28：50

【集注】

〔1〕果成：里名。

〔2〕馬延壽：人名，為騎士。

☑河平三年七月丙戌〔1〕，居延丞☐為傳送囚　　　　　八月戊子出金關北
☑觻得　　　　　　　　　　　　　　　　閏月丙寅入金關南

　　　　　　　　　　　　　　　　　　　　　　　　73EJT28：56

【校釋】

　　「閏月丙寅」黃艷萍（2015B）、胡永鵬（2016A，322 頁）指出河平三年閏六月戊子朔，無丙寅日。原簡書寫有誤。今按，說當是。原簡或書誤。

【集注】

〔1〕河平三年七月丙戌：河平，漢成帝劉驁年號。據徐錫祺（1997，1632 頁），河平三年七月丁巳朔，三十日丙戌，為公曆公元前 26 年 9 月 24 日。

橐蚩矢二千二百　　☑　　　　　　　　　　　　　　73EJT28：69

弘農郡狼里胡☐☑　　　　　　　　　　　　　　　　73EJT28：70

☑魯絮一斤，直百卅☑　　　　　　　　　　　　　　73EJT28：73

☑　六百　給廣地博望〔1〕隧長☑　　　　　　　　　73EJT28：77

【集注】

〔1〕博望：隧名。

```
            四石具弩一    官袍一領     ☑
☑□    張眾〔1〕    槀矢十二    官□三    ☑
            蘭三    ☑                      73EJT28：83
```

【集注】

〔1〕張眾：人名。

五鳳二年計冊餘布復絝　☑　　　　　　　73EJT28：86

☑□公孫厖〔1〕，年五十□☑　　　　　　73EJT28：87

【集注】

〔1〕公孫厖：人名。

☑歲、長七尺二寸、黑色☑　　　　　　　73EJT28：90
☑長七尺五寸、黑☑　　　　　　　　　　73EJT28：94

雒陽士卿東樂〔1〕里☑（削衣）　　　　　73EJT28：95

【校釋】

　　姚磊（2017J3）改釋「卿」為「鄉」，且認為「士」是「東」字的誤書。今按，釋或可從，但從字形來看，整理者釋讀似不誤。

【集注】

〔1〕東樂：里名。

☑尺五寸、黑色　☑　　　　　　　　　　73EJT28：96
一比用脂卅六斤　一見□☑　　　　　　　73EJT28：101

廣地轉三百廿兩，已入三百一兩奇廿二石八斗，未備十八兩奇二石二斗
橐佗轉二百八十兩，已入二百七十七兩奇三石六斗，未備二兩廿一石四斗
肩水二百卌兩，已入二百卅五兩奇廿一石一斗五升，未備四兩奇三石八斗五
升　　　　　　　　　　　　　　　　　　73EJT28：102

【校釋】

　　　三個「未」字原均作「米」，該三字分別作▨、▨、▨形，當是未字。「未備」即未具備，未完成。

　　　　　　　　　　　　　　三石具弩一
▨□安樂〔1〕里王小子〔2〕　橐矢十　　　　□▨
　　　　　　　　　　　　　　官襲一領
　　　　　　　　　　　　　　官袍一領　　　　　　　　　73EJT28：104

【集注】

　〔1〕安樂：里名。

　〔2〕王小子：人名。

▨長斧四，刃皆毋繩，其一刃破，負十二算　　　　73EJT28：105
出鹽二升八龠　　　▨　　　　　　　　　　　　　73EJT28：109

河內溫郡東郭〔1〕里▨　　　　　　　　　　　　　73EJT28：110

【集注】

　〔1〕東郭：里名，屬溫縣。

橐佗野馬〔1〕隧長鳴〔2〕葆氐池益城〔3〕里上□▨　　73EJT28：116+118

【校釋】

　　　何有祖（2016F）綴。

【集注】

　〔1〕野馬：隧名。

　〔2〕鳴：人名，為野馬隧長。

　〔3〕益城：里名，屬氐池縣。

・騂北卒丁少一人宜□▨　　　　　　　　　　　　73EJT28：117A
平樂〔1〕卒□□一人□▨　　　　　　　　　　　　73EJT28：117B

【集注】

　〔1〕平樂：隧名。

☑　有方一

☑　·右戍卒兵　　　　　　　　　　　　　　　　　73EJT28：127

☑☑☑　長七尺五寸☑　☑

☑……　☑　　　　　　　　　　　　　　　　　　　73EJT28：129

☑☑車☑☑☑　　　　　　　　　　　　　　　　　　73EJT28：131

☑劍一　皆以十☑　　　　　　　　　　　　　　　　73EJT28：133

牛一，黃特、齒☑　　　　　　　　　　　　　　　　73EJT28：134

☑☑十一石八斗　☑（削衣）　　　　　　　　　　　73EJT28：141

肩水金關 T29

出麋一石二斗六升大　以食彊漢〔1〕隧☑　　　　　73EJT29：1

　【集注】

　　〔1〕彊漢：隧名。

昭武市陽〔1〕里周禹〔2〕，年十七　　☑　　　　73EJT29：2

　【集注】

　　〔1〕市陽：里名，屬昭武縣。

　　〔2〕周禹：人名。

☑牛車一兩　弩一、矢廿　丿　　　　　　　　　　　73EJT29：3

☑☑月戊寅　候長賢〔1〕子男氐池昌樂〔2〕里東門建〔3〕，年廿二歲、長七尺
二寸　　　　　　　　　　　　　　　　　　　　　　73EJT29：4

　【集注】

　　〔1〕賢：人名，為候長。

　　〔2〕昌樂：里名，屬氐池縣。

　　〔3〕東門建：人名，為賢子。

萬福〔1〕隧長觻得粟成〔2〕里不更☑　　　　　　　73EJT29：5

　【集注】

　　〔1〕萬福：隧名。

〔2〕粟成：里名，屬轢得縣。

□□□里功忘憂〔1〕，年卅　　☑　　　　　　　　　　73EJT29：9A

……　☑　　　　　　　　　　　　　　　　　　　　73EJT29：9B

【集注】

〔1〕功忘憂：人名。

☑　葉中倩〔1〕，米一石百　餘□少君梁一石　☑

☑　薛孝婦〔2〕，米一石百　凡直九百卌　☑

☑□丘子□□一石□　　　　　　　　　　　　　73EJT29：13A

□一石直百　左□□鞠一石

☑　　　　　　　　　　　　同

一石百　　□少君鞠一石　　……☑　　　　　　73EJT29：13B

【校釋】

　　A面「梁」原作「梁」，黃艷萍（2016B，122頁）、（2018，135頁）釋。

【集注】

〔1〕葉中倩：人名。

〔2〕薛孝婦：人名。

☑　十二月乙□☑　　　　　　　　　　　　　　　73EJT29：17

日勒充實〔1〕里大夫紀充□☑　　　　　　　　73EJT29：20+76

【校釋】

　　伊強（2015A）綴。

【集注】

〔1〕充實：里名，屬日勒縣。

☑酒泉祿福中里〔1〕上造李順〔2〕，年廿二、長七☑　　73EJT29：22+21

【校釋】

　　伊強（2015A）綴，綴合後補「李」字。

【集注】

〔1〕中里：里名，屬祿福。

〔2〕李順：人名。

　　　　　　　□□　　☑

東阿北平〔1〕里宋充〔2〕

　　　　　　　年卅三☑　　　　　　　　　　　　73EJT29：23

【校釋】

　　「充」原作「克」，白軍鵬（2020，242 頁）釋。

【集注】

〔1〕北平：里名，屬東阿縣。

〔2〕宋充：人名。

帛四丈九尺尺九，直百卅四　　絮一繩，直……☑
□三丈尺九，直二百七十　　　帶一，直……
素六尺尺十，直六十　　　　　□直……☑
□□□匹，直百九十　　　　　□一直……☑　　　73EJT29：26

☑　　以食通道〔1〕隧卒……田……　　　　　　73EJT29：27

【集注】

〔1〕通道：隧名。

☑□□□長樂〔1〕里□□　　□□為工今居平樂〔2〕隧　　73EJT29：31

【校釋】

　　「□□為工」原作「左前騎士」，郭偉濤（2019D，299 頁）釋。

【集注】

〔1〕長樂：里名。

〔2〕平樂：隧名。

☑河南郡緱氏樂陽〔1〕里☑　　　　　　　　　　73EJT29：39

【集注】

〔1〕樂陽：里名，屬緱氏縣。

扶溝始安〔1〕里夏樂〔2〕，年廿五　　☑　　　　　　　　73EJT29：40

【集注】

〔1〕始安：里名，屬扶溝縣。

〔2〕夏樂：人名。

候長王武〔1〕　　☑　　　　　　　　　　　　　　　73EJT29：45

【集注】

〔1〕王武：人名，為候長。

☑給乘胡〔1〕隧長☑　　　　　　　　　　　　　　　73EJT29：46

【集注】

〔1〕乘胡：隧名。

出錢廿二，田次君〔1〕取　　出錢廿二　　☑　　　　　73EJT29：47A

　☐☐☐☐　　☑　　　　　　　　　　　　　　　73EJT29：47B

【集注】

〔1〕田次君：人名。

·右日迹簿〔1〕二千石賜勞名籍〔2〕令　　☑　　　　　73EJT29：48

【集注】

〔1〕日迹簿：吳昌廉（1980，157 頁）：日迹之責任，不全在戍卒身上，吏亦有其
責任，故治簿時常以「吏卒日迹簿」稱之。日迹簿之製發單位是部，由部候長、
候史具名移送候官，故「日迹簿」即是每日將該吏卒所迹之結果登錄，積滿一
月，編為一編，是為日迹簿。

永田英正（1998，287 頁）：每天檢查表面平坦的被稱為天田的沙地上是
否有足迹的勤務記錄。

永田英正（2007，78 頁）：「日迹簿」就是吏卒每天對天田檢查，匯報有
無異常的報告書匯編。

　　中國簡牘集成編輯委員會（2001G，291 頁）：例行巡邏的統計簿。簡牘中有戍卒日迹簿和吏日迹簿或稱「候長、候史日迹簿」。日迹是每天例行的觀察天田上是否有足迹的活動。

　　今按，諸說是。日迹簿即對吏卒日迹情況進行記錄的簿冊。

〔2〕賜勞名籍：永田英正（1998，287 頁）：每年秋天在候官的弓射比試中因成績優秀而加算勤務日數的管理名冊。

　　中國簡牘集成編輯委員會（2001C，61 頁）：賞賜勞績。漢塞有以秋射、日迹賜勞的功令與節令。

　　今按，諸說是。賜勞名籍即有關賞賜勞績的名籍。

累山〔1〕亭卒易陽南市〔2〕里京安世〔3〕☑　　　　　　　　　　73EJT29：50

【集注】

〔1〕累山：亭名。

〔2〕南市：里名，屬易陽縣。

〔3〕京安世：人名，為戍卒。

　　　　　　　　其一石☑
出穀大石六石
　　　　　　　　四石八☑（削衣）　　　　　　　　　　73EJT29：51

出麥三斗五升　以食橐他隧☐☑　　　　　　　　　　　73EJT29：53

☑☐升少　以食鄣卒東阿吉里〔1〕昭信〔2〕　　☑　　73EJT29：54

【集注】

〔1〕吉里：里名，屬東阿縣。

〔2〕昭信：人名，為鄣卒。

☑☐車一兩　六月癸卯出　　　　　　　　　　　　　　73EJT29：56
☑　五月辛酉入　　　　　　　　　　　　　　　　　　73EJT29：57

☑☐稟登山〔1〕隧卒董得☐☑　　　　　　　　　　　　73EJT29：58

【集注】

〔1〕登山：隧名。

■右七日卅九人　□□□斗　用穀五石七斗一升大　☑　　　　73EJT29：59

　　　　　　　　　　有方一

☑里王賀〔1〕　　　　　　　裘一領　　☑

　　　　　　　　官綺一兩　　　　　　　　　　　　　　73EJT29：60

【集注】

　〔1〕王賀：人名。

☑年五十歲、長七尺二寸、黑色　月甲寅入☑　　　　　73EJT29：61

小婢莫欲〔1〕　☑　　　　　　　　　　　　　　　　　73EJT29：64

【集注】

　〔1〕莫欲：人名，為小婢。

新成〔1〕里公乘臨平〔2〕，年廿九　☑　　　　　　　73EJT29：66

【集注】

　〔1〕新成：里名。

　〔2〕臨平：人名。

復作二歲大男孫得〔1〕　☑　　　　　　　　　　　　73EJT29：70

【集注】

　〔1〕孫得：人名。

　　　　　　　　　　　　三石具弩一，完　☑

禽寇〔1〕隧戍卒梁國蒙宜故〔2〕里丁寰〔3〕

　　　　　　　　　　弩幡一，完　☑　　73EJT29：71

【校釋】

　　第二行「寰」原作「寁」，該字圖版作 形，即「寰」字，此統一作「寰」。

【集注】

　〔1〕禽寇：隧名。

〔2〕宜故：里名，屬蒙縣。

〔3〕丁𡩜：人名，為戍卒。

☑固里龍贛〔1〕　車第十六萃　☑　　　　　　73EJT29：72

【集注】

〔1〕龍贛：人名。

☑囗一乘、乘騂牡馬一匹，劍一𠲿　　　　　73EJT29：73

☑出　牛車一兩，弓一、矢卅𠲿　　　　　　73EJT29：77

☑囗囗囗囗十丈囗其三百六十尺……☑　　　73EJT29：79

☑　　凡積三千六百尺　☑　　　　　　　　73EJT29：80

☑乘張湯〔1〕，年廿三、長七尺五寸、車☑　73EJT29：83

【集注】

〔1〕張湯：人名。

鄣卒孫定〔1〕　四石具囗☑　　　　　　　73EJT29：84

【集注】

〔1〕孫定：人名，為障卒。

☑為吏受四月盡六月，積三月奉☑

☑囗　☑　　　　　　　　　　　　　　　　73EJT29：85

　　　　　　六石具弩一　裘一囗☑

　　　　　　　囗囗二　☑

……長武陽里……　皁布囗囗一領　☑

　　　　　　　皁布復絝一兩　☑　　　　　73EJT29：86

☑囗又廿五石又廿五畢出☑（削衣）　　　　73EJT29：87

☑大奴同〔1〕，長七尺☑（削衣）　　　　　73EJT29：90

【集注】

〔1〕同：人名，為大奴。

☑長六尺、黑色☑　　　　　　　　　　　　　　　　　　73EJT29：91

　　　其一人養　　☑

☑□人

　　　一人病　　☑　　　　　　　　　　　　　　　　　73EJT29：95

戍卒梁國虞宜年〔1〕里不更丁姓〔2〕，年廿七　　☑　　　73EJT29：96

【校釋】

　　「梁」原作「梁」，黃艷萍（2016B，122頁）、（2018，135頁）釋。

【集注】

〔1〕宜年：里名，屬虞縣。

〔2〕丁姓：人名，為戍卒。

肩水候官甘露二年十月士吏昌〔1〕所將省卒離茭日作簿〔2〕　　☑

　　　　　　　　　　　　　　　　　　　　　　　　　　　73EJT29：97

【集注】

〔1〕昌：人名，為士吏。

〔2〕日作簿：永田英正（2007，290頁）：「日作簿」是一個機關的全體戍卒一天中
　　的作業分擔記錄簿，「卒作簿」是記錄戍卒個人每天的作業內容的記錄簿。

　　　　趙沛（1991，17頁）：《作簿》是戍邊吏卒日常雜務的記錄。各候、隧按
　　個人或單位記錄本部門現役人員日常雜務活動的細目，並按一定週期上報上
　　級機關。

　　　　李天虹（2003，134頁）：作簿主要是記載部卒和省卒從事雜務勞作的文
　　書，由於是按天記錄，所以又稱「日作簿」。

　　　　今按，諸說是。日作簿即每日勞作內容的記錄簿。

☑□五十石，輸廣地候官　　　　　　　　　　　　　　73EJT29：99

田卒貝丘莊里〔1〕大夫成常幸〔2〕，年廿七　庸同縣厝期〔3〕里大夫張收〔4〕，
年卅　長七尺☑　　　　　　　　　　　　　　　　　　73EJT29：100

【集注】

〔1〕莊里：里名，屬貝丘縣。

〔2〕成常幸：人名，為田卒。

〔3〕厤期：里名，屬貝丘縣。

〔4〕張收：人名。

☑出穬麥一斗一升大　以食稽落〔1〕亭卒樂安〔2〕四月八日勮食　ㄋ

73EJT29：101

【集注】

〔1〕稽落：亭名。

〔2〕樂安：人名，為戍卒。

河南武陵〔1〕里左奴〔2〕，年廿一　　　　　　　　　　　73EJT29：102

【集注】

〔1〕武陵：里名，屬河南縣。

〔2〕左奴：人名。

・神爵元年五月轉車名籍　　　　　　　　　　　　　　　73EJT29：103
□□門望里□□彊，年卅二　長七尺五寸、黑色　軺車二乘、馬二匹，十月甲
午出　　　　　　　　　　　　　　　　　　　　　　　73EJT29：104

鱳得亭長當城〔1〕里趙常〔2〕，年卅八、長七尺五寸、黑色，衣絺襦〔3〕皁布
單衣、白布絝（上）
元康二年七月辛卯〔4〕入　馬一匹卩
弓一、矢五十，劍一　　　　軺車一乘（下）　　　　　　73EJT29：108

【集注】

〔1〕當城：里名。

〔2〕趙常：人名，為亭長。

〔3〕絺襦：「絺」指細葛布，《說文・糸部》：「絺，絺之細也。」則絺襦當為細葛布
　　製作的短上衣。

〔4〕元康二年七月辛卯：元康，漢宣帝劉詢年號。據徐錫祺（1997，1556 頁），元
　　康二年七月戊辰朔，二十四日辛卯，為公曆公元前 64 年 8 月 19 日。

☑□十一㠯　壯賓〔1〕十一㠯　耿次翁〔2〕四

☑□十一㠯　候長□四㠯　　　薛長賓〔3〕七㠯

☑□七㠯　宋子方〔4〕十一㠯　　　　　　　　　73EJT29：109

【集注】

〔1〕壯賓：人名。

〔2〕耿次翁：人名。

〔3〕薛長賓：人名。

〔4〕宋子方：人名。

十一月五，要虜〔1〕卒□始不迹……

十一月十五日，卒樂安世〔2〕不迹……

八月十五日，金關卒□當迹吏代　十二月五日，卒□當迹吏代□□迹

73EJT29：111

【集注】

〔1〕要虜：隧名。

〔2〕樂安世：人名，為戍卒。

☑七尺二寸、黑色☑　　　　　　　　　　　　73EJT29：112

☑□里郭釋之□二　☑　　　　　　　　　　　73EJT29：113

麴十九石六斗，直千一百七十六。　席二，直五十六。

□一，直百六十。　　　　　　　　綺一，直百卅。　73EJT29：118A

　　　　出錢十五，□□□□

再　伏

　　　　出錢十八，厺閒一。　　　　　　　　73EJT29：118B

【校釋】

　　B面「厺」原作「去」，該字漢簡中又釋作「厺」，此統一作「厺」。

田卒魏郡內黃□□☑　　　　　　　　　　　73EJT29：128

☑□酒一斗，為□☑（削衣）　　　　　　　73EJT29：130

觻得誠信〔1〕里男子功師寁〔2〕，年廿四歲　弓一、矢十二㠯　73EJT29：135

【校釋】

　　「寏」原作「実」，該字圖版作形，即「寏」字，此統一作「寏」。

【集注】

〔1〕誠信：里名，屬檪得縣。

〔2〕功師寏：張再興、黃艷萍（2017，76頁）認為「功師」讀作「工師」，漢複姓。
　　　　今按，說是。功師寏即工師寏，為人名。